현대시조 탐색

국학자료원

저자 소개

임 종 찬

1945년 경남 산청군 생초면에서 출생
부산대학교 문리대 국문학과 졸업
부산대학교 대학원 국문학과 석사과정 박사과정 수료(문학박사)
한국문인협회, 한국시조시인협회, 부산시조시인협회 회원
시조문학의 본질, 현대시조론, 개화기시가의 논리, 현대시조의 탐색 등을 저술,
6권의 시조집과 1권의 수필집 간행
대만 정치대학 객좌교수 역임
부산시 문화상 등 여러 개의 상을 받음
현 부산대학교 인문대 국문학과 교수로 재직 중

책을 내면서

시조 연구에 집착하여 소비한 세월이 제법 되었지만 고작 책 세 권에 머물다가 이제 한 권을 더 보태게 되었다. 필자의 연구를 지켜보신 분들은 이해하시겠지만 필자는 크게 두 방향에서 연구를 진행하여온 셈이다.

첫째는 시조를 구조적으로 분석하는 연구에만 몰두하여왔기 때문에 시조를 존재하게 한 역사성 또는 사상성에 대한 연구는 손을 놓고 있었다. 그 이유는 이 방면의 연구는 선배들의 훌륭한 업적이 이미 상당하고, 지금도 이 방면의 연구는 시조 연구의 대종을 이루는 바이지만, 시조를 구성하고 있는 구조적 측면의 연구는 그 업적이 영성하여 누군가가 연구해야 할 과제라 생각하였기 때문이다.

둘째는 현대시조 연구에 상당히 매달려 왔다는 점이다. 시조시인들이 창작해 놓은 현대시조가 과연 시조작품이라 할 수 있는가 하는 원초적 의문이 왕왕 느껴졌기 때문에서도 그러하였지만, 현대시조의 진로모색을 염려하는 시조시인의 한 사람으로서도 이 방면의 연구를 소홀히 할 수 없어서였다.

타 장르의 연구에서도 그러해야 하겠지만 시조 연구 방향이 한 쪽으로 치우쳐서는 안 될 것이다. 시조를 안 쪽에서만 봐도 안 되고 바깥쪽에서만

4

봐도 안 되는 일이다. 또 현대시조 연구를 소홀히 하고 고시조 연구에만 몰려서도 시조 연구의 바른 길이라 할 수 없다. 이제 필자는 내년이면 환갑이 된다. 고작 이런 글을 남기는 데에도 기진하였으니 남은 세월에 과연 무엇을 더 보탤 것인가가 의문이긴 하지만 마음은 청춘이라 생각하고 계속 노력하고자 한다.

　더러 손을 보았으면 하는 데가 있긴 있지만 논리에 큰 장애가 되지 않는다고 보고 논문으로 발표한 그대로 옮겼다.

　이 논문들은 대부분이 한국시조학회의 회보인 시조학논총에 실었던 것임을 밝힌다.

2004년 8월

목　차

시조의 텍스트성(textuality) 연구

Ⅰ. 서 론

　시조를 하나의 텍스트라고 한다면[1] 인간의 의도적 기호체계인 시조는 어떠한 언어적 장치를 통하여 시조라는 형태를 이루어 전달하고 있는가 하는 의문을 갖게 된다. 이 의문을 풀기 위해서는 문자, 음운, 형태, 통사, 어휘, 수사 등의 여러 측면에서 다룰 수 있겠으나, 이 논문에서는 1) 각 장은 수사적으로 어떻게 표현되고 있는가, 2) 각 장은 서로 어떻게 연결성(응집성과 응결성)을 가지는가, 3) 시조에 있어서의 각 휴은 통사적으로 어떻게 짜여져 있는가 하는 문제에 초점을 맞추고자 한다.

　흔히 현대시조는 고시조를 거역하는 데서 출발 의의를 찾는다. 그러나 이

────────────────────────────────

1) 텍스트란 말은 애초 라틴어 textus에 기원하지만 직물/직조의 개념을 능가하여 언어학에서는 문자로 적혀진 길고 짧은 글을 의미한다. 그러나 기호학자들은 텍스트의 개념을 넓게 잡아 문학 작품, 뉴스 보도나 신문기사와 같은 저널리즘, 대중문화산물, 여인들의 화장과 옷차림 등의 유행, 미술 작품, 민담과 전설 등의 민속문화 산물, 실내장식이나 도시계획 등의 문화적 가공물까지도 포함하고 있다. 여기서는 시조로 만들어진 文의 짜임을 시조의 텍스트라고 하고 이것을 가능하게 한 文의 형식적 속성을 일러 시조의 텍스트성이라고 한다.

때의 거역은 시조의 근본 속성까지를 거역하자는 말로 해석되어서는 안 된다. 이 논문에서는 고시조가 모범을 보였던 시조로서의 속성의 일부라 할 수 있는 1), 2), 3)이 현대시조에서는 어떻게 나타나고 있는가에 대해 알아봄으로써 현대시조의 진로 모색에 도움을 주고자 한다.

Ⅱ. 고시조의 텍스트성

시조는 하나의 완결된 형식구조를 요구하는 정형시라고 할 때 시조 속에는 시조답게 만드는 장치가 내재하게 되고 이 내재된 장치가 형식미를 유발하게 되어 정형시로서의 완성에 이르게 된다. 고시조를 읽어보면 다음 몇 가지를 확인할 수 있다.

첫째, 각 장은 수식어를 극도로 배제하여 논리전개를 명확하게 하고 있음을 확인하게 된다. 서양의 고대 수사학에서 제일 먼저 요구되는 것은 배치(disposition)의 개념이었다. 이것은 사고의 배치를 의미하는데 사고의 내용을 논리적으로 정렬하게 하는 것을 말한다.[2] 고시조는 시의 형식을 취하지만 언어로서 논리 정연한 문장이었다. 사고의 배치가 안정되고 전달내용이 정제되어서 의미의 혼란을 야기시키지 않았다. 다시 말해 사고의 내용을 논리적으로 정렬함에 있어 이것을 방해하는 수식어는 불필요함을 고대 수사학에서는 누누이 강조하여 왔던 것인데 고시조에서도 이 점이 분명히 나타나고 있는 것이다.

> 1) 이 몸이 죽어죽어 一百番 고쳐죽어
> 白骨이 塵土되여 넉시라도 잇고 업고
> 님 向한 一片丹心이야 가실 줄이 이시랴
>
> 二數大葉 鄭夢周(甁歌 52)

---

2) 고영근 : 텍스트 이론(아르케, 1999), p. 30.

2) 이런들 엇더ᄒ며 저런들 엇더ᄒ리
　萬壽山 드렁츩이 얼거진들 긔 엇더ᄒ리
　우리도 이ᄀᆺ치 얼거저 百年ᄭ지 누리이라
　　　　　　　　三數大葉 太宗御製(甁歌 797)

3) 白雪이 ᄌᆞᄌᆞ진 골에 구룸이 머흐레라
　반가온 梅花ᄂᆞ 어늬 곳이 픠엿ᄂᆞᆫ고
　夕陽의 호을노 셔셔 갈 곳 몰나 ᄒ노라
　　　　　　　　二數大葉 李穡(甁歌 51)

4) 梨花에 月白ᄒ고 銀漢이 三更인지
　一枝春心을 子規야 알냐마ᄂᆞᆫ
　多情도 病인양ᄒ여 ᄌᆞᆷ 못 일워 ᄒ노라
　　　　　　　　李兆年(甁歌 50)

　왜 이렇게 시조는 논리정연한 문장으로 이룩되었는가. 이것은 성리학과 무관하지 않다고 본다. 시조가 고려말에 발생하였다는 설은 정설로 굳어진 듯하고, 현전하는 작품들이 이를 증명하고 있다.[3] 그리고 시조를 발생시킨 신흥사대부들은 대부분 성리학을 신봉하였다. 고려 말 신흥 사대부들이 성리학을 국가 경영의 근간으로 삼고자 한 것은 사원의 폐해와 승려의 비행에 대한 불만에 그치지 않고 불교로 인하여 滅倫과 害國性이 심각하다고 보고 사회윤리를 강화함과 동시에 禮治와 德治에 의한 왕도정치로서의 혁신이 불가피하다는 인식과 함께 대의 명분 의리로 일컬어지는 성리학의 규범을 실현시킴으로써 안정적 국가기반 확립을 꾀하고자 하였던 것이다.[4] 그들은

---

3) 발생기의 작품들은 구전으로 전해오다가 훈민정음 창제를 기다려 문자화 하였다고 볼 수 있다. 이것이 가능한 이유는 고시조 자체가 구전을 가능하게 하는 장치를 내재하고 있기 때문이다. (졸저, 古時調의 本質, 國學資料院, 1993, pp. 37~82. 참조)

4) 조명기 외 : 한국 사상의 심층 연구(우석, 1986), p. 191.

훗날 사화나 당쟁에서 볼 수 있었듯이 대단한 열성으로 목숨을 건 정치적 투쟁을 벌였고, 그들이 치른 희생만큼 실제적 보상이 거의 없었으면서도 명예를 위한 투쟁이면서 자기 삶의 역사화에 치중하였던 것이다.[5]

불교는 성리학적 입장에서 본다면 상당히 추상적이다. 그들은 불교가 증명되지 않는 來世觀으로 현실생활을 규제하려는 것도 불만이었지만 개념을 극단화시키지 않음으로써 포괄적 사유세계를 획득한다고는 하나 이 또한 명쾌한 논거, 적확한 근거 확보가 안 된다고 보았다. 그들은 현실의 삶을 중시하고 삶에 대한 가치를 大義로 삼아 禮와 德으로서의 기강을 확립하고자 하였으므로 성리학적 진실을 명증시키기 위해 적확한 논리 근거를 확보하려고 하였다.

성리학을 신봉한 정몽주는 1)로서 자기 신원을 분명히 밝히고 있다면 이후 왕이 되어 많은 불교의 업적을 남긴 이방원은 삶의 극단화를 경계하는 2)를 남긴 것이다. 1)이 不事二君의 성리학적 논거라면 2)는 色卽是空 空卽是色이라는 불교적 논거다.

시는 언어의 효용성을 극대화하기 위해 노력한다. 그러므로 시적 대상에 대한 언술은 상세하고 세밀한 표현은 극도로 제약하면서 상징이나 은유의 수법으로 意義를 강화시킨다. 정서 전달을 위한 정보성의 강화를 위해 때로는 비예측적 언어를 동원하기도 하고 포괄적 언어를 활용하기도 하면서 시적 대상의 단순한 의미 부여를 초월한다.

시이긴 해도 정형시인 시조, 특히 고시조에 있어서는 이러한 현대시의 언어와는 상당히 다름을 앞서 작품들에서 확인하였다. 고시조의 언어가 1)처럼 직선적 논리표현으로 직진하거나 2), 3), 4)처럼 우회적이긴 해도 의미가 복합적으로 전개되지 않는 이유는 무엇일까.

---

5) 최봉영 : 조선시대 유교 문화(사계절,1999) p. 148.

비록 1), 2), 3), 4)가 아니라 해도 해석이 모호한 경우나 의미를 전달하고자 하는 바가 불투명한 고시조는 존재하지 않았다. 사대부들은 左 아니면 右였지 左도 右도 아닌 중도의 길을 스스로 막고 살았다. 그래서 그들은 현상과 본질을 하나로 인식하였고 자기 신념은 늘 행동으로 外化되었다. 그렇기 때문에 그들이 남긴 글 속에는 이럴 수도 저럴 수도 있는 해석의 여지는 봉쇄되고 있음을 쉽게 발견하게 된다.

고시조는 정치적 긴장을 해소하기 위한 餘技였다. 다르게 말하면 정치적 논의의 완곡한 外道로서 활용되었다. 그러나 작가 자신의 신원을 감추려고 하지 않았던 솔직한 문학이었다.

둘째, 고시조는 의미와 의미의 연결을 확실히 하여 텍스트로서 단단히 결속되어 있음을 확인하게 된다. 1),2),3),4)에는 장과 장 사이에 접속어가 생략되어 있는데 이를 보완하면 다음과 같다.

① 이 몸이 죽어죽어 一百番 고쳐죽어 (그래서) 白骨이 塵土되여 넉시라도 잇고 업고 (그러나) 님 向한 一片丹心이야 가실 줄이 이시랴.
② 이런들 엇더ᄒ며 저런들 엇더ᄒ리 (예를 들면) 萬壽山 드렁츩이 얼거진들 긔 엇더ᄒ리 (그러니) 우리도 이ᄀᆞ치 얼거저 百年ᄭᅥ지 누리이라.
③ 白雪이 ᄌᆞᄌᆞ진 골에 구룸이 머흐레라 (그러니) 반가온 梅花ᄂᆞᆫ 어니 곳이 퓌엿ᄂᆞᆫ고 (그래서) 夕陽의 호올노 셔셔 갈 곳 몰나 ᄒᆞ노라.[6]
④ 梨花에 月白ᄒᆞ고 銀漢이 三更인지 (아마도) 一枝春心을 子規야 알냐마ᄂᆞᆫ (그러나) 多情도 病인양ᄒᆞ여 좀 못 일워 ᄒᆞ노라

접속어의 생략은 시조의 형식 때문에 강제된 것이기도 하지만 시조가 아니라 하더라도 시에서나 특히 정형시에 있어서는 접속어 생략(asyndeton)은 언

---

6) 이 시조가 의미하는 바는 이렇다고 생각한다. "백설이 자욱하고 또 구름마저 거칠어서 눈이 내릴 것 같다. 그러니 이런 악천후 속에서 반가운 매화가 어느 골엔들 피어 있겠는가. 그래서 때마저 석양이고 기후조차 악천후이고 거기다 홀로 서 있어 갈 곳을 모르겠다."

어 절약의 수단이면서 절제미(temporance)를 위해서 과감히 차용되는 수법이다. 어찌했던 앞 장의 정보가 뒷 장의 정보로 확실히 연결시키는 연결장치가 ①, ②, ③, ④에는 존재하고 있다.

문법적 요소를 동원하여 텍스트 표층 간의 의미를 연결시키는 장치를 응결성(cohesion)이라 하고, 텍스트의 개념적(의미적) 연결성을 통해 앞과 뒤를 연결하는 것을 응집성(coherence)이라고 할 때7) ①, ②, ③은 접속어로서의 응결성이 확보된 것이라고 한다면 ④는 응결성도 있지만 응집성이 등장하고 있는 경우다. ④는 초장 다음에 '子規가 울고 있다'가 생략되었다. 이 정보를 '子規야 알랴마는'(자규가 알고 울까마는)이란 말 안에 포함되어 있어서 의미상으로 연결되기 때문에 응집성이 존재하고 있다고 볼 수 있는 것이다.

비단 위에 예를 든 작품들 뿐 아니라 고시조는 어느 것이나 장과 장 사이에는 연결성(응결성, 응집성)이 확실하게 존재하고 있어 의미의 맥락이 정돈되고 마무리 된다.

셋째, 고시조는 각 章이 통사적으로 짜여 있어서 안정된 기반을 갖추고 있음을 확인하게 된다. 일반적으로 정형시는 시행이 통사적 제약을 받는 경우가 많다. 漢詩의 七言詩의 경우는 의미맥락이 4와 3으로 나누어지는 것과 마찬가지로 고시조는 다음과 같이 짜여지고 있음을 알 수 있다.8)

    ㄱ) 주어구 + 서술어구
    ㄴ) 전절 + 후절
    ㄷ) 위치어 + 文
    ㄹ) 목적어구 + 서술어구

---

7) 고영근: 앞의 책, p. 137~141.

8) 이 점에 대해서는 졸고 '現代時調 作品을 통해 본 創作 上의 문제점 연구'(時調學論叢 12輯 1996 時調學會) 참조

　　이렇게 짜여 있기 때문에 시조를 일러 3장 6구라고 한다. 이것은 시조가 정형시임을 입증하는 요소가 되기도 한다.

　　이상에서 살펴 보았듯이 시조는 발생기적 시조에서부터 일관되게 시조로서의 텍스트 속성의 일부인 첫째, 둘째, 셋째 경우를 확보해가면서 계속 창작되어 왔음을 알 수 있었다.

Ⅲ. 현대시조의 텍스트성

　　앞서 고시조에서는 각 장은 문장 성분상 이분되고 이분되는 이유때문에 고시조는 3장 6구 형식을 가진 정형시라 한다고 하였다. 또 이것 때문에 詩文이 정연하게 안정되고 시적논의가 분명하게 전개되기도 하는 것이다. 그러면서 각 장은 연결성을 분명히 가지고 있어 3장이 유기적 연합을 이루고 있음도 알 수 있었다. 그리고 표현에 있어서도 직선적 표현으로 나아가거나 우회적 표현이라 해도 의미의 복합성을 경계하고 있음도 알 수 있었다.

> 5) 메마다 눈이 녹고 들엔 벌서 새 풀나고
> 　　石壁에 자는 폭포 다시 숨을 돌리나니
> 　　우리의 바라는 시절도 머지 않어 오려나
>
> 　　봄비에 젖은 山을 푸름 날로 깨어오고
> 　　안개에 흐린 바다 아침놀에 밝아오네
> 　　이제야 우리의 시름도 쓸릴듯도 하구나
> 　　　　　　　　　　(1933. 東亞日報)
> 　　　　　　　　　　-卓相銖 '봄' 전문9)

　　5)는 3장 6구를 지키면서 장과 장의 연결성을 분명히 하고 있고 표현에

---

9) 李秉岐・李泰極 編 : 現代時調選叢(새글사, 1959) p. 279.

있어서도 고시조의 그것과 크게 다르지 않지만 주제, 소재나 시적 대상에 대한 인식태도의 측면에서 고시조와 달라 있다고 할 수 있다. 현대시조의 초창기에 해당하는 작품들은 고시조가 보여줬던 시조로서의 텍스트 속성을 간직하면서 시조를 새롭게 만들려는 노력을 하였던 것이다. 그러나 현재 발표되고 있는 시조 작품들은 시조의 속성까지도 표기해버리는 경우가 허다한데 이 점에 대해 살펴보기로 한다.

　첫째, 수식어의 남용으로 인하여 의미가 정제되지 않는 경우다.

　　　　6) 깎아지른 외길 능선을
　　　　　돌아설 수 없는 마음으로
　　　　　차마 뒤돌아보지 못하고
　　　　　한 발 절뚝이며 내려옵니다
　　　　　당신과 하나된 순간
　　　　　저버릴 수 없음입니다
　　　　　　　- 김영재 '산을 내려오면서' 일부10)-

　잡다한 수식어가 등장하여 소란하지만 의미는 단순하다. 이러다 보니 고시조가 보여줬던 3장 구성이 이루어지지 않고 있다. 초장 중장의 수식관계를 도식화해보면 다음과 같다.

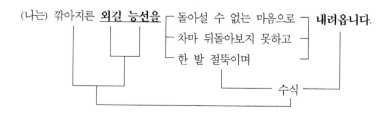

---

10) 열린시조, 2002년 가을, p. 149.

'외길능선을 내려옵니다'가 주의미이고 나머지는 이 말을 꾸미는 수식어에 불과하다. 고시조는 애초 이렇게 꾸미는 말의 동원을 극도로 경계하면서 할 말만 함축하였던 것인데, 여기서는 수식어를 남용하다 보니 의미가 혼란스럽 기도 하지만 초장 중장으로 나누어지지 않는 작품이 되고 말았다.

다음 작품은 6)보다 더 수식어가 복잡다단하다.

> 7) 그토록 간절히도 짝사랑한 가슴 속의
>   속 끓이다 여물어 터진 짙은 사랑 노래 같은
>   서라벌 터벅머리 숫총각의 심화도 이젠 달랠 터.
>   - 김세환 '단비' 일부[11]-

7)을 도식화하면 다음과 같다.

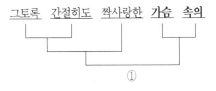

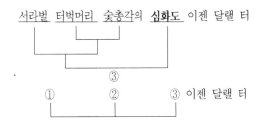

---

11) 시조, 2002, p. 47.

이렇게 볼 때 7)은 '가슴 속의 사랑 노래 같은 심화도 이젠 달랠 터'가 주의미인데 말을 많이 하였지만 꾸미는 말만 너절하여 간명하면서도 시적 논의가 적확했던 고시조의 전통에서 크게 벗어나 있음을 알 수 있다.

다음 작품도 마찬가지이다.

> 8) 아침 잠 털어내려 올려다본 **하늘은**   ①
>   욕망을 덧칠하던 **회색구름 걷어내고**   ②
>   **투명한 가을 하늘을 내 안에 들이민다.** ③
>   - 김선희 '하늘의 선물' 일부[12]-
>   ※ 번호는 필자가 붙였음. 활자 크기도 달리하였음

군더더기 말을 빼버리면 '하늘은 회색구름 걷어내고 가을 하늘을 내 안에 들이민다.'이다. 이 간단한 의미가 수사의 덧칠을 받아 시조인양 꾸며져 있지만 3장으로서의 논리전개가 되지 못하고 있다.

둘째, 장과 장을 연결하는 연결장치가 모호하여 3장이 유기적 결합을 이루지 못하는 경우다.

> 9) 왼쪽으로 치우친, 그것은 판단이었다. ①
>
>   온몸으로 맞받아쳤을 ┐
>   비바람   ├ ②
>   여치의 무게   ┘

---

12) 세계시조, 2003년 가을, p. 107.

별똥별
긋고 간 금 따라 ─┐
낭미초   ├ ③
휘어 있다..   ─┘
　　　　　- 홍성란 '가늘고 긴 기울기' 전문[13]_
　　　　※ 기호, 번호는 필자가 붙였음

　①은 초장 ②는 중장 ③은 종장이라고 할 때 ①과 ②사이 ②와 ③사이에는 의미를 연결시켜주는 장치가 없기 때문에 독자의 상상력으로 의미를 기워넣어야 하는데 무슨 의미를 채워넣어야 의미의 혈관이 통할지가 의심스러운 작품이다. 이렇게 각 장이 파편화되어버리면 애초 시조가 보여주었던 단단하고 구체적인 의미형태를 크게 벗어나 버리게 된다.

　　10) 지상에서 사라져간 새떼의 젖은 맨발 ①
　　　　얼음꽃 총총한 북극으로 길을 내고 ②
　　　　연어알 어미 생각에 치달리는 푸른 허공 ③
　　　　　　　　　　　　- 백이운 '허공' 전문[14]_

　①은 주어부 ②는 술어부가 되어 하나의 文이 되고 ③은 새로 만들어지는 文으로 '푸른 허공은 연어알 어미생각에 치달린다'가 되어 형식 상으로는 앞 文과 연결성을 확보하고 있지만 무슨 의미로 연결되는지가 아리송해지게 된다. ①②와 ③ 사이에는 연결하기 어려운 의미를 폭력적으로 연결하였기 때문에 이 때의 연결성은 형식적이 되고 말았다.

　　11) 양평 지나 가산 쫌의 남한강 가 돌밭 ①

_____

13) 시조 21, 2004년 상반기호, p. 36.
14) 시조, 2004년 상반기호, p. 65.

해오라기 한 마리 긴 목 추스르고 섰다. ②
강물은 저만한 풍경 위해 천년을 뒤척였으리. ③
- 박시교 '전봉건 추억' 일부15)-

①은 ②의 배경역할을 하므로 응집성이 드러났다고 하겠다. ①, ②와 ③은 응결장치가 남한강(강물)이면서 지시어 '저만한'은 ①, ②를 가리킨다고 하겠다. 그러나 ①, ②를 지시하는 '저만한 풍경', '천년을 뒤척였으리' 가 내포하는 의미가 전봉건 시인과의 유대를 행사하지 못하고 있다.16)

12) 대저, 시인이란 ①
바람쯤 여겨지는 ②

마냥 떠돌이 ③
이 넝마의 세월 ④

그렇다 ⑤
그 젖은 걸레 ⑥
빈 그릇 ⑦
닦고 있는 ⑧
- 김종윤 '젖은 걸레' 전문17)-
※ 번호는 필자가 붙였음

의미상으로는 ㉠ 시인은 바람쯤 여겨지는 떠돌이 ㉡ 이 넝마의 세월 ㉢ (시인은) 그 젖은 걸레로 빈 그릇을 닦고 있다지만 ③, ④의 의미적 연관성이

---

15) 열린시조, 2003년 가을, p. 99.
16) 수석 취미를 가진 전 시인을 나타내려고 의도했다면 돌을 줍는 모습이 나타나야 하지 않겠는가.
17) 시조세계, 2003년 가을, p. 70.

적을뿐더러 작품 전체 의미가 너무 추상적이라서 개념이 잡히지 않는다.

시가 은유를 채택하는 것은 우선 의미와 정서를 확대하기 위함이고 다음으로 대상의 새로운 모습이나 새로운 의미부여를 유도하기 위함이다. 은유가 성공적이 되려면 원관념과 보조관념 사이의 적당한 거리를 확보하였을 때인 것이지 혼돈을 초래하는 은유같지도 않은 은유는 시를 난해하게 하고 의미파악을 어렵게 하므로 실패다.

서정적 발화는 전통시가의 방식대로 통사적, 구조적, 의미적으로 연결성을 확보해야할 필요는 없다. 조립서정시(Montagelyrik)에서 잘 드러나는 바와 같이 비논리적 비통사적 결합이 시도되기도 하고, 때로는 모호한 발화방식을 이용한 난해시들이 등장하기도 한다. 그러나 시조의 경우에는 자유시의 이러한 방만함에 차이를 두고 단아한 형식, 절제된 발화에 의해 시로서의 완결성[18]을 확보할 때만이 그 존재가치가 있다고 본다.

셋째, 전체 의미는 정리되어 있지만 3장으로 의미 분할되지 않는 경우다.

13) 이게 왠 일인가
　　낯설은
　　풀잎의
　　얼굴이 되어
　　더욱 아름다울 수 있다니
　　단명의
　　아픔으로 된
　　기막힌 희열 희열
　　　　- 최언진 '꽃꽂이' 전문[19]-

---

18) 졸고, 現代時調의 完結性 硏究(時調學論叢 제18집) 참조

19) 시조, 2002, p. 305.

13)을 의미단위로 갈라서 표시해보면 다음과 같다.

이게 왠일인가 ①

낯설은 ②
풀잎의 ③
얼굴이 되어 ④
더욱 ⑤
아름다울 수 있다니 ⑥

단명의 ⑦
아픔으로 핀 ⑧
기막힌 회열 회열 ⑨

의미단위는 크게 ①, ②～⑥, ⑦～⑨로 나누어진다. 이렇게 되니 ① 이 초장 구실이어야 하고 ②～⑥이 중장 ⑦～⑨가 종장 구실이어야 한다. 과연 ①을 초장이라 할 수 있는가. 그리고 ②～⑥과 ⑦～⑨의 숨은 주어 '꽃꽂이' 때문에 ②～⑥과 ⑦～⑨가 의미상 연결이 되지만 응집성이 약하여 의미해석을 위해서는 독자의 무리한 상상력이 필요 이상으로 동원되어야 하는 억지스러움을 나타내고 있다.

셋째, 각 장이 통사적으로 짜여 있지 않아서 3장 6구 형식에서 벗어난 경우다. 이 경우는 앞에서도 수식어를 남용하다보니 3장 구성을 못하는 경우를 예로 들었고 다른 논문[20]에서도 언급하였으므로 여기서는 설명을 줄인다.

마지막으로 시조의 텍스트성을 바람직하게 발휘한 현대시조의 작품을 살펴보자.

---

20) 졸고, '시조의 三章 구조 연구'(時調學論叢 제14집), '현대 시조의 정형성 연구'(時調學論叢 제13집) 참조

14) 차마 꽃은 못필레 ①
　　그 아프디 아픈 破裂

　　銀盆처럼 바라만 보며 ②
　　서로 앓긴 더 못할레

　　차라리 혼자만의 凝血로 ③
　　열매하여 견딜레
　　　　(1966. 12. 31 약진경북)
　　　　-이호우 '無花果'전문21)-
　　※ 번호는 필자가 붙였음

　①과 ②사이에는 '그렇다고' ②와 ③ 사이에는 '그래서'를 생략하였다. 詩意가 정리되면서 논의가 정연하고 수식어는 극도로 삼간 고시조의 전통을 살리면서 장과 장 사이의 연결성이 확실히 드러나 있다.

15) 풍경소리 떠나가면 절도 멀리 떠나가고
　　흐르는 물소리에 산은 감감 묻혔는데
　　적막이 혼자 둥글어 달을 밀어 올립니다.
　　　　- 정완영 '망월사의 밤' 전문22)-

　이 작품 또한 시조의 형식미가 돋보이면서 장과 장끼리의 유기적 결합이 잘 드러났고 정연한 논의로서 정형시의 진수를 보여주고 있다.

---

21) 민병도, 문무학 편 : 이호우 시조선집(도서출판 그루, 1992), p. 102.

22) 시조세계 12호, 2003년 가을, p. 29.

Ⅳ. 결 론

시조를 하나의 텍스트라고 할 때 1) 각 장의 수사적 표현 2) 각 장끼리의 연결성 3) 각 장의 통사적 짜임의 측면에서 고시조와 현대시조를 살펴보았다.

고시조에 있어서 1)은 논리정연한 문장으로 되어 있고 논리를 방해할 수 있는 수식어를 극도로 배제하고 있음을 알았다. 2)는 각 장끼리의 응집성 혹은 응결성을 확보하여 확실한 연결을 이루고 있음을 알았다. 3)은 통사적으로 안정된 짜임을 갖고 있어서 3장 6구의 형식을 취하고 있었다.

현대시조에 있어서 1)은 수식어를 남용하여 정연한 논리로서의 시조가 되지 못할뿐더러 3장 구성까지도 만들어지지 않는 경우가 있었다. 2)는 각 장끼리의 연결성이 애매하여 장과 장끼리의 유기적 결합이 이루어지지 않는 경우가 있었다. 3)은 3장 6구를 이루는 통사적 짜임을 몰각하여 시조 형식을 파괴하는 경우가 있었다.

이상에서 보았듯이 현대시조 중에는 고시조가 모범 보였던 정제된 형식미(텍스트성)를 허물어버린 작품들이 있음을 확인하였다. 이것은 현대시조가 고시조의 구각에서 탈피해야 한다는 데만 집착하여 고수해야 하는 형식미를 포기한 결과라고 하겠다. 이렇게 되면 시조의 존립근거는 희미해지고 시조 아닌 것을 시조라고 우기는 경우가 되고 만다는 점을 시조시인들은 인식해야 할 것이다.

시조의 三章 구조 연구
- 현대시조는 3장으로 이루어져 있는가 -

Ⅰ. 서 론

시조는 정형시이고 3장으로 이루어져 있다고 한다. 이럴 때, 시조의 각 장은 무슨 이유로 章이라 할 수 있는가. 다시 말해 시조의 章을 통사적으로 또는 의미적으로 파악하여 보면 章의 개념은 어떻게 정의할 수 있는가 하는 의문이 제기될 수 있다. 이 의문에 대한 해답이 여태 분명하지 않았기 때문에 현대시조를 창작하는 이들에게 적잖은 혼란이 일어났다. 그 결과 3장 구성을 이루지 못하고 있는 작품을 시조라고 하는 경우까지 발생하고 있으므로 章의 개념 규정이 시급하다고 하겠다.

Ⅱ. 고시조의 三章 구조

서정적 소통은 일반적으로 대화의 파트너를 겨냥하지 않으며, 어떤 확고한 대화의 상황에 연관되지도 않고, 화자의 어떤 문맥에 의지해서만 의미론적으

로 규정된다.[1] 그러므로 시나 시조 같은 서정적 소통은 일반적인 담화 소통과
는 다른 구조다. 또한 서사 문학에서처럼 사건 진행이나 구성적 원리에 따를
필요가 없으며 느닷없는 바뀜이 특권처럼 인정되기도 한다. 담화의 일반적
구조를 갖추기 위해서는 보완되어야 할 축약된 발화 형식, 이를테면 생략·암
시·우회의 발화형식을 갖는 것이다.

특히 정형시에 있어서는 의미론적 전환점이라 할 수 있는 行(Line)의 규칙
적 배열이 요구됨으로써 명백한 담화 소통상황과는 연관되지 않을 수도 있다.
다시 말해 담화 소통 구조와는 거리가 멀며, 축약이나 생략의 운율적 구조를
가지고 있다.

시조는 크게 세 가지 형식적 구성으로 章이 이루어지고 있다.

첫째는, 완전한 월의 형태를 이루어 각각 독립된 월이 3장으로 이루어진
경우다. 여기서 월이라 함은 상위 구조에서 더 이상 다른 짜임새의 성분이
되지 않으면서 그 짜임새 안에서는 말마디끼리의 짜임새로 이루어져 있는
언어형식을 이름이다.[2]

> 1) 靑天에 썻는 미가 우리님의 미도 갓다.
>   단장고 썬깃혜 방울소리 덧옥 又다.
>   우리님 酒色에 줌겨 미 썻는 줄 모로눈고
>
>   (甁歌 645)

1) Dieter Lamping ; Das lyriche Gedicht : Definitionen zu Theorie und Geschichte der Gattung(서
   정시 : 이론과 역사, 장영태 역, 문학과 지성사, 1994, p. 108.)
2) 허웅(1983), 국어학, p. 248.
   월은 '절대적 위치(Bloomfield : Language, p. 170.)'에 놓인 언어형식이다. 이는 다른 언어형식
   과 어떤 짜임새를 만들지 않는다(밖는 의미이며, 월 자체는 내부적으로 다른 언어형식(말마디)
   들끼리의 짜임새로 이루어졌다(안)는 의미이다. 김두봉은 월을 '여러 가지 씨 곧 낱말을 모아
   한 생각을 드러낸 것'이라고 정의하였으며, 최현배는 '한 통일된 말로 드러낸 것이니 : 뜻으로
   나 꼴로나 온전히 다른 것과 따로 선 것'으로 뜻매김하였다.

초·중·종장 모두가 종결어미로 끝났고 완전한 하나씩의 독립된 월로서 장이 되어 있다. 이런 경우의 각 장은 완전한 월의 형태로서 의미적 완결성을 갖추고 있다.

둘째는, 시조의 전체적 완결성을 이루는 종장을 제외한 초·중장의 끝이 연결어미로 되어 있어 앞장과 뒷장이 연결된 형태의 작품 경우다.

> 2) 細버들 柯枝 것거 낙끈 고기 쎄여들고
>   酒家을 초즈려 斷橋로 건너가니
>   그 골에 杏花ㅣ 날니니 아모된 줄 몰너라
>   金光煜(甁歌 252)

2)는 초장의 끝 어절도 연결어미 '-고'로 끝나 있고 중장의 끝 어절도 연결어미 '-니'로 끝나 있어 형태상으로는 3장 전체가 하나의 월이 되고 있다. 그러나 이러한 형식적 짜임새임에도 불구하고 초·중장이 각각 의미적 완결성을 갖추고 있으므로 의미상으로는 크게 3개의 월로 나누어지는 경우다. 연결어미는 실상 종결어미가 실현되어야 할 자리에 접속어미가 더해진 형태이므로, 기저월의 관점에서는 3개의 월이 이어져 있어 2)는 의미상 3개의 월로 나누어진다.[3] 이러한 경우는 앞의 월이 연결어미에 의해 마디가 된 후 뒤의 월을 이어가는 월인 경우로 겹월의 형식을 가지는 것이다.[4]

셋째는 장의 끝이 연결어미나 종결어미로 되어 있지 않은 경우다. 이 경우는 ① 초·중장이 형식상 한 월이 되는 경우와 ② 중·종장이 형식상 한

---

3) 물론 章 안에 연결어미가 두 개로 된 경우도 흔하다. 이런 경우는 2)에서와 같이 2음보와 2음보를 연결하는 형태로 나타난다. 앞 2음보를 앞 句, 뒤 2음보를 뒤 句라 할 때, 앞 句와 뒤 句가 결합하여 보다 구체적 상황을 만들거나 보다 큰 의미를 형성하게 되고 이것이 다른 章과 의미상 변별되거나 차이를 나타내게 된다. 시조의 章은 句가 만드는 작은 의미소를 중심으로 배분되지 않고 句와 句의 결합으로 만들어지는 보다 큰 의미소를 중심으로 배분된다.

4) 허웅(1983) 참고.

월이 되고 있는 경우가 있다. 먼저, ①의 경우를 살펴보자.

> 3) 밤비에 불근 곳과 아츰너에 프른 버들
>   春風에 興을 겨워 우즐기며 넙느는고
>   두어라 一年一度니 任意디로 ᄒᆞ여라
> 失名氏(大東 154)

> 4) 渭城官 柳樹를 처음의 심근 뜻은
>   느러진 가지로 가난 任 미려터니
>   엇더타 이 堵分니 것거 쥐라 ᄒᆞᄂᆞ니
> (樂高 331)

3), 4)는 초장은 주어부, 중장은 술어부로서 초 · 중장이 통합하여 한 월을 이룬 경우다. 통사적으로 보면 3), 4)는 두 개의 월로서 3장을 이루고 있는 셈이다. 이러한 경우는 한 월이 마디가 되어 다른 월의 한 월성분으로 쓰여 한 겹월이 되는 현상(안음)으로 이해할 수 있다.[5] 3)의 경우 '곳은 밤비에 붉다'가 관형형 어미(매김씨끝)을 취하여 '곳은 春風에 興을 겨워 우즐기며 넙느는고'에 매김마디로 안기는 현상을 반영한 것이다. 즉, '[(곳은) 밤비에 붉-은]매 곳은 春風에 興을 겨워 우즐기며 넙느는고'의 형식을 가지는 것이다. 매김마디로 안긴 '[(곳은) 밤비에 붉-은]'에서 '곳은'은 겹쳐지기 때문에 줄어 없어진다. '아츰너에 프른 버들'도 또한 같은 현상을 반영하고 있다. 이렇게 보면 3), 4)는 장(Line)의 규칙적 배열에 순응해야 하는 정형시의 속성 때문에 완전한 월들로 이루어지는 담화의 단락 구성 형식과 달리 나타나고 말았다. 이를테면, 3)을 담화 소통의 단락 구성 형식으로 바꾸어 보면 다음과 같다.

---

5) 허웅(1983)에서는 이를 '안음'으로 처리하고 있으며, 월 성분으로 쓰인 마디를 '안긴마디'라 하였다. 안긴마디의 종류에는 '임자마디, 매김마디, 어찌마디, 풀이마디, 인용마디'를 들고 있다.

초장 - 꽃은 밤비에 붉고 버들은 아침 안개에 푸르다.
중장 - (이것들이) 춘풍에 흥겨워 우줄기며 넘실댄다.
종장 - 두어라 一年一度니 任意대로 하도록.

4)도 이런 식으로 바꾸어 보기로 한다.

초장 - (내가) 처음 위성관 버들을 심었다.
중장 - (그 뜻은) 느러진 가지로 가는 임을 매려고 한 것이다.
중장 - 그랬더니 어찌하여 이 塔分니가 꺾어쥐려 하는가.

이런 형식에서 초장의 월이 중장의 '그 뜻은'을 꾸며주는 매김마디로 기능
하면서 4)의 시조 형식이 되었다. 즉, 의미를 함축하여 3장으로 만들려고
하니 주어 조사가 생략되거나 주어부(초장)와 술어부(중장)로 월이 새로 만들
어지게 된 것이다. 중장의 경우는 연결어미가 결합된 형태이다. 우리말 담화
양식에서 대화의 월은 주어부가 매김마디로, 나타나는 상황은 어찌마디를
가진 풀이마디로 표현되는 것이 일반적[6]이나 3), 4)에서처럼 이렇게 길어지
지 않는다.
드물게는 다음과 같이 주술관계의 핵심 월이 중장에 오고 초장은 중장에
대한 조건문이 되고 있는 경우도 있다.

5) 梅影이 부드친 窓예 玉人金釵 비겨신져
二三 白髮翁은 거문고와 노리로다
이윽고 盞드러 勸하랄제 달이 쪼한 오르더라
安玟英(金玉 6)

---

6) 일반적 담화 표현 '키가 작은 아이가 아주 빠르게 달린다.'에서, 주어부는 '키가 작은'이란
매김마디를 가진 '키가 작은 아이가'로, 달리는 상황은 '아주 빠르게'라는 어찌마디를 가진
'아주 빠르게 달린다'라는 풀이마디로 실현되었다.

5)도 담화의 단락 구성 형식으로 바꾸면 대충 이렇다.

> 초장 - 梅影이 부딪친 窓에 玉人金釵가 비껴 있다.
> 중장 - 이 때에 二三白髮翁은 거문고를 타고 노래를 부른다.
> 중장 - 이윽고 盞들어 권하려 할 때에 달이 때 맞추어 오른다.

다음으로 ②의 경우를 살펴보자.

> 6) 죽어 올혼 줄은 내어든 모를손가
>   믈 먹음 마시고 아므려나 사는 뜻은
>   늘그신 져 하늘 밋ㅈ고 나동보려 ㅎ노라
>   南公(古今 52)

> 7) 이 어인 급한 病고 心如甁淚如雨ㅣ라
>   지는 달 시는 밤의 울어예는 기러기를
>   아무나 멈츄리 이슬진디 이 病 消息 부치리라
>   安玟英(金玉 123)

6)의 중장은 주어부, 종장은 술어부로서 중·종장이 통합되어 한 월이 되고
있다.

7)은 좀 색다른 구조이다. "아무나 지는 달 시는 밤의 울어예는 기러기를
멈츄리 이슬진디 이 病 消息 부치리라"가 정상적인 어순이지만 목적어 해당
요소만 중장으로 뽑아 내어 놓은 형태다. 그러나 의미는 이렇게 된다.

> 중장 - 기러기가 달이 지고 밤이 새는 때에 울어옌다.
> 종장 - 아무나 (이 울음을) 멈출 이 있다면 이 병 소식 부치겠다.

드물게는 중장이 종장에 대한 조건문이 되기도 한다.

8) 쏨은 든는대로 듯고 볏슨 쬘대로 쬔다
청풍의 옷깃열고 긴 파람 흘리불제
어디셔 길가는 소님니 아는드시 머무는고
　　　　　　　　　　　　　(農歌 19-4)
　　　　　　　　　　　　　魏伯珪(三足堂歌帖)

이상에서 살펴본 바와 같이 시조의 3장 구성은 크게 보아,

1) 갖춘 월이 3개인 경우. 즉 각 章은 종결어미로 끝맺고 있어 형태상으로나 의미상으로 완전한 월이 3개인 경우.

2) 한 장이 의미상으로는 월이지만 형태상 다른 장의 월 성분이 된 경우. 이 때의 한 章은 다른 章에 대해 '이음'이나 '안음'의 형식으로 통합되어 있다.

이렇게 본다면 고시조에 있어서의 章은 형태상으로 월의 꼴을 갖추었거나 그렇지 않으면 의미상으로는 월의 꼴을 갖추고 있다고 할 수 있게 된다.

Ⅲ. 현대시조의 三章 구조

현대시조와 고시조의 관계를 표로서 설명하면 이렇다.

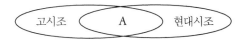

고시조　　　A　　　현대시조

A는 시조의 속성을 의미한다. A를 배제한 부분은 고시조와 현대시조가 서로 어떻게 다른가 하는 변별성을 의미한다. 그러나 현대시조가 A를 포함하지 않는다면 군이 시조라고 하기 어렵다. 그것 중의 하나가 시조 3장의 구성

이라 하겠다. 과연 현대시조는 3장으로 구성되고 있는가.

앞서 고시조에 있어서의 章은 월의 개념이었고, 경우에 따라 그것이 시조라는 서정소통으로 인하여 더 큰 월 속에서는 월이 되지 않고, 월의 한 성분으로 바뀌는 경우가 있었다. 그러나 그것이 형태상으로 어떻게 존재하든 의미상으로 각 장은 월의 자격을 갖추고 있음을 보았다.

현대시조라고 발표되는 작품 중에는 다음과 같이 章의 자질을 갖추지 못한 작품들이 흔하게 보인다.

> 9) 한 처음 하느님께서
> 하늘과 땅과 해와 달과
> 새와 고기와 온갖 짐승과
> 푸른 물과 과일나무를 지으시고
> 하느님
> 모습대로 사람을 만드시어
> 보시니 참 좋았다.
>   - 金桓植 '아버지의 뜻대로 하소서' 첫수 -[7]

9)는 3장식 표기로 되어 있지 않지만 이것이 시조라면 3장 구성이 되어야 하므로 3장으로 나누어 표기해 보자.

> 9) 한 처음 하느님께서 하늘과 땅과 해와 달과
> 새와 고기와 온갖 짐승과 푸른 물과 과일 나무를 지으시고
> 하느님 모습대로 사람을 만드시어 보시니 참 좋았다.

지은이는 이런 식으로 짜여진다고 생각하여 시조라고 발표한 것이다. 그렇다면, 초·중·종장이 형태상으로 또는 의미상으로 3分될 수 있는가 하는

---

7) 현대시조, 1995년 가을호, p. 49.

것이다. 초장과 중장이 한 월을 이루는 형식으로 되어 있으나, 초장의 경우는
어떻게 보아도 월의 성분을 찾을 수 없다. 따라서, 어떻게 나누든 시조답게
배분되지 않는다. 하느님은 자연을 만든 다음 인간을 만들었으니 참 좋다는
내용이므로 9)와 같이 배분되고 보면 편의적인 章 구분이 되고 있음을 알
수 있다. 따라서 3장 구성이 되어 있지 않으니, 이걸 시조라고 할 수는 없는
노릇이다.

> 10) 잠자 듯 죽은 듯
>   얼어붙어 정지한
>   땅 위의
>   고저와 채색과 공중이
>   일제히 지워지는 순간을
>   차지하는 절대 붓끝
>   - 이충섭 '集團落下' 일부 -8)

이것도 3장식 표기로 고쳐 보자.

> 10) 잠자 듯 죽은 듯 얼어붙어 정지한
>   땅위의 고저와 채색과 공중이
>   일제히 지워지는 순간을 차지하는 절대 붓끝

이렇게 장 구분이 된다고 지은이는 생각한 모양이지만, 이렇게 장 구분이
되는 근거가 무엇인지 모르겠다. 10)을 의미상으로 정리하면 대략 이렇게
될 것이다.

---

8) 현대시조, 1994년 가을호, p. 34.

　　10-1) ㄱ. 땅위의 고저와 채색과 공중이 잠자 듯 죽은 듯 얼어붙어 정지하
　　　　　고 있다.
　　　　　ㄴ. 절대 붓끝이 일제히 지워지는 순간을 차지하고 있다.

　　10-1) ㄱ은 2장으로 나누면서 ㄴ은 왜 1장으로 두는가. 무언가 章의 개념이
혼란스럽게 느껴지는 작품이다. 거꾸로 10-2)처럼 고쳤다 해도 문제는 여전
히 남아 있다.

　　10-2) 땅위의 고저와 채색과 공중이
　　　　　잠자 듯 죽은 듯 얼어붙어 정지하고
　　　　　일제히 지워지는 순간을 차지하는 절대 붓끝

　　10-2)는 초·중장이 주어부, 술어부로 이룩되어 초·중장이 하나의 월을
이루는 형태이고, 이것은 언뜻 고시조에서 보아온 형태로 착각할 수 있다.
그러나, 고시조에서는 각 장에는 꼭 서술어가 내재해 있었다. 10-2)의 초장엔
서술어가 없다. 여기서 장이 월의 개념이란 말을 다시 상기할 필요가 있는
것이다. 시조의 장을 章이라 쓰는 이유가 여기에 있다.

　　11) 남원골 중양절(重陽節)에
　　　　한마당 민속놀이는

　　　　그옛날 성리(城里)마을
　　　　놀부흥부 두 정리(情理)로

　　　　형제는
　　　　선악을 뿌려
　　　　인륜정기 되새겨라.
　　　　　　　- 金鍾安 '興夫祭' 일부 -9)

11)은 초·중·종장으로 구분되어 있어 겉으로 보기에는 시조답게 보인다. 그러나 표기를 시조답게 3장 구분했다고 해서 시조 아닌 것이 시조로 둔갑되지는 않는 것이다. 초장으로 표기되어 있는 '남원골 중양절에 한마당 민속놀이는'은 의미적으로 월로 기능할 수 없으며, 또한 중장으로 표기되어 있는 '그옛날 성리마을 놀부흥부 두 정리로'도 마찬가지로 의미적으로 월이 될 수 없다. 그리고, 무슨 의미를 시조로 형식화하였는가가 쉽게 파악되어져야 하는데, 11)은 의미 파악에 혼란이 온다. 형태상으로 초·중·종장이 합해서 하나의 월을 이루고 있는데, 초장과 종장의 첫 어절이 주어로 기능하여 의미적으로 하나의 생각을 나타낸 것이라 보기 어렵다. 즉, 초장의 '민속놀이는'은 종장의 '형제는'과 같이 '선악을 뿌려 인륜정기 되새겨라'라는 서술어의 주어가 되어야 하는데 의미적으로 성립되지 않는다.

> 12) 오백년의 긴긴 세월
>   초충도의 먹물이
>
>   바다로 흘러 스며
>   고등어 꽁치 등이
>
>   한 폭의
>   동양화 되어
>   땀자취 노래하네.
>   － 金佐起 '사임당의 먹물' 전문 -10)

12)는 3장으로 표기하였지만 의미는 2장밖에 되지 않는다. 이는 초장과 중장의 첫 구가 합쳐 한 월의 의미를 가지며, 또한 중장의 다음 구 '고등어

---

9) 시조문학, 1995년 가을호, p. 95.
10) 현대시조, 1994년 가을, p. 191.

꽁치 등이'와 종장이 한 월의 의미를 가짐으로 전체적으로 2장의 의미밖에
되지 않는다.

> 12) 오백년의 긴긴 세월 초충도의 먹물이
> 바다로 흘러 스몄다.
>
> 고등어 꽁치 등이 동양화되어
> 땀자취 노래한다.

12)가 12)의 내용인데, 이것이 어째서 3장 구성의 내용이 되느냐 하는 것
이다.

> 13) 해묵은 실바람에도
> 흔들리던 들자락이
>
> 헤진 풀섶 들쳐업고
> 손 녹여 다독이며
>
> 녹슨 날
> 갈아세우고
> 나들이를 나왔는가
>   - 김차복 '들길에서' 전문[11] -

13)은 초장은 주어부이고, 중·종장은 술어부로 되어 있다. 표기를 이렇게
3장 구분해 놓으니 시조답게 보이지만 가령 표기를 이렇게 했다면 이걸 시조
구성이라 하겠는가.

---

11) 김차복 : 일어서는 초록빛(동학사 1997), p. 12.

13) 해묵은 실바람에도 흔들리던 들자락이 해진 풀섶 들쳐업고
손 녹여 다독이며 녹슨 날 갈아세우고 나들이를 나왔는가.

13)을 처음으로 읽은 사람이 시조 작품으로 인지하겠는가 하는 것이다. 그것은 무리일 것이다. 13)처럼의 3장 배분은 퍽 임의적인 것일뿐더러 13')을 3부분으로 나눈다 해도 13)에서처럼 장 구분으로 일치하기 어려운 일이다.

Ⅳ. 결 론

고시조집에 보이는 시조의 표기 방식은 띄어쓰기는 물론 章의 구분까지도 무시한 줄글내리박이식 표기가 대부분이었다. 그런데도 시조를 창하거나 율독하던 이들은 章의 구별을 하여 창이나 율독을 하였던 것이다. 그것은 표기가 어찌 되었건 章이 갖추는 형태상 또는 의미상의 자질이 분명하였기 때문에 가능했다고 본다.

고시조에 있어서의 章은 다음 두 가지 형태로 나타나고 있다.

첫째, 갖춘 월이 3개인 경우다. 즉 각 章은 종결어미로 끝맺고 있어 형태상으로 완전한 월이 3개로 짜인 경우를 말한다.

둘째, 한 장이 의미상으로는 월이지만 형태상으로는 다른 章의 월성분이 된 경우다. 이 때의 한 章은 다른 章에 대해 '이음'이나 '안음'의 형식으로 통합되는데 이렇게 되는 이유는 애초 담화의 일반적 구조였던 것이 서정 양식의 간섭 때문에 서정적 소통 구조로 바뀜에 따라 일어난 변화라 할 수 있다.

이렇게 본다면 고시조에 있어서의 章은 형태상으로 월의 꼴을 갖추거나 그렇지 않으면 의미상으로 월의 꼴을 갖춘 경우를 말한다고 하겠다. 현대시조는 ① 고시조대로의 답습과 ② 고시조에서의 탈피를 동시에 수행해야 하는

작품세계여야 한다. ①은 시조로서의 속성이라고 할 수 있는 율격이나 구조의 측면이라고 한다면 ②는 현대 사회가 요구하는 주제, 소재, 표현 양식 등의 측면이라고 할 수 있다.

이 논문에서는 ①의 입장에서 시조는 3장으로 구성되어야 하고 章의 개념은 고시조의 그것과 같아야 한다는 입장을 강조하고자 하였다. 군이 고시조와의 일치를 말하지 않더라도 시조가 3장으로 구성되어야 한다면 章이 3개라는 의미는 곧 章은 하나의 의미체가 되어 세 개의 의미체가 유기적으로 결합됨으로써 하나의 시조 작품이 이루어진다는 뜻이므로 章의 개념이 고시조의 그것과 달라질 수가 없는 노릇이다. 그럼에도 불구하고 시조 전문지에 발표되고 있는 작품 중에는 章의 구실을 못하는 것을 章이라고 내세움으로써 3장 구성과 거리가 먼, 시조 아닌 것을 시조라고 우기는 경우가 등장하고 있음을 확인하였다.

시조 창작이 매우 중요하다는 인식에서 보면, 이것은 전통 문화의 계승이라는 의미에서도 또 한국 문학의 세계화를 위해서도 걱정스런 문제라 아니 할 수 없는 노릇이다.

현대시조 창작의 문제점

Ⅰ. 들어가며

시조시인들은 날로 늘어나고 있는 추세에 있다. 이같은 현상은 전통문화의 계승이라는 측면에서도 또 한국인 고유의 정서표출이라는 측면에서도 반가운 일이라 할 수 있다.

한편, 시조시인들의 증가는 시조의 발전에 오히려 역효과를 낳는 결과가 될 수도 있다는 점을 생각해 봐야 한다.

시조는 정형시다. 어느 나라고 정형시는 그 출발이 음악의 가사로부터 출발을 본다.

시조도 창의 가사였고 그렇기 때문에 시조의 정형성은 창의 구속에 의해 자연스럽게 지켜질 수가 있었다. 달리 말하면 시조형식을 굳이 설명하지 않아도 더 나아가 창작원리를 따로 공부하지 않아도 창을 배움으로써 자연스럽게 터득될 수 있었다.

그러나 창이 떠나버린 시조는 창의 구속력이 행사하던 자리가 비어짐으로 해서 방만성을 드러내는 경우가 생기게 되었다. 이것은 과거의 기준으로 보면 시조로서의 파격을 의미한다.

파격을 방치할 것인가.

파격을 어느 정도까지는 용인하면서 그 이상의 파격을 금할 것인가. 애초 시조가 창의 간섭에 의해 유지되었고 형식의 고착성을 가지게 되었다고 해도 그것 자체의 가능성은 우리 민족의 성정에 유래된 것이고 그것은 또 역사를 지나는 동안에 肉化된 민족정서로 굳어져 버린 것이다.

창이 떠나가자 시조는 형식에 위협이 왔고 자유시의 할거에 본의 아닌 영향을 받아 시조대로의 詩法에도 위협이 왔다. 그러나 시조가 시조라는 이름을 포기하지 않은 한에서는 시조대로의 본령에서 크게 벗어나지 않아야 하고 그렇게 함으로써만이 시조의 존재이유가 있다고 하겠다.

본고에서는 고시조와 현대시조를 비교하여 현대시조 창작상에 문제로 보이는 自然을 소재로 한 현대시조 作風, 單首와 連作의 경우에 대한 문제점을 살펴보기로 한다.

이 글에서 例로 들고 있는 현대시조 작품들은 부산시조시인협회의 「釜山時調」(1994)와 부산여류시조문학회의 「내 님을 그리슨와」(1994)에 수록된 것들이다.

II. 自然에 대한 인식의 확대

자연은 복잡하고 번거로운 세속과는 구별되는 無爲의 세계다. 그러므로 시인들은 현실에 대한 부정과 불만을 토로할 때, 자연에 기대고 자연을 동원하여 왔었다. 이런 경우에 시조 시인들은 자연을 인식하는 방법이 있어 왔는데 현대시조에 나타나 두 경우만 예를 들면

첫째, 자연에 대한 주관적 해석을 배제하고 자연 가운데에 行遊하면서 인간을 위무하는 행락의 여유공간으로 인식한 경우다.

1) 볕설도 살이 올라
   장독대에 고인 한낮

   솜병아리 서너놈이
   봄을 문채 조올고

   花信은
   속달로 와서
   南窓에 앉음이여.
        - 金思均 '春景' 전문1) -

2) 비온 뒤
   안개에 묻혀
   꿈을 꾸는 해운대는

   동백섬과 갈매기도
   자장가 없이 잠을 자고

   목청을 가다듬은 파도도
   깊은 꿈길 헤매고 있다.
        - 민홍우 '안개에 묻힌 해운대' 전문2) -

   이것들은 모두 우리 시가의 전통이라 할 수 있는 賞自然의 저 山水詩의
족보를 이은 작품이라 할 만큼 자연 속에 行遊하는 모습을 보여주고 있다.
그러면서 작중화자는 한 정경의 보고자(narrator)로서 냉정을 기할 뿐, 자연과
합일하거나 자연을 自己化하지도 않고 일정거리를 유지하면서 스쳐지나가
고 있을 뿐이다. 마치 과거 우리의 竹林之士가 자연을 보고 감격할 뿐 자연을

1) 釜山時調, p. 256.
2) 앞의 책, p. 267.

소유하지 않으려 했던 삶과 태도이다.

둘째, 자연에 대한 敍景化, 즉 寫生寫實을 가볍게 처리하면서 자연을 빌어와 天地萬物의 所當然之則과 所以然之故를 밝히려 드는 理致的 自然詩가 보인다는 점이다.

> 3) 산으로 들난 길은 어디에나 한결 같다.
> 곡예의 허물 벗는 도시는 위태하고
> 거대한 공룡이 발끝 스물스물 앓고 있다.
>
> 산성 마을 몇 굽이쯤 돌아돌아 들어서면
> 앓는 듯 그리움이 돌아앉아 나래 접고
> 세상일 들나지 않는 애기들도 숨어 있다.
>
> 억새풀 훑던 자리 모두 비워 닫던 문을
> 차라리 빗장을 풀어 예비된 듯 맞는 가슴
> 마침내 다시 사는 아픔 깨어나는 너를 본다.
> 　　　　　　　　 - 이성호 '겨울산에 들어서며' 전문3) -
>
> 4) 기쁨이 한송이 꽃이 되기 까지는
> 탐스런 그 만큼의 사랑이 필요한 법
> 척박한 토양 속에선
> 잔뿌리를 벋어야지.
>
> 기쁨이 한알의 열매가 되기까지는
> 잎과 뿌리는 늘 땀흘려야 한다는 것
> 물관은 젖어 있어도
> 그리움이 있어야지.

---

3) 앞의 책, p. 315.

우리가 진실로 살고 있다는 그 명징성
내 살갗 밑 가녀린 실핏줄의 흐름같은
삶이란 꽃과 물의 고리
바람이 불어 온다
- 박옥위 '꽃과 물' 전문4) -

일체의 세속적 판단 근거를 배제시키고 자연을 한 섭리대상으로만 인식하고 있다. 또한 자연을 物活的 世界로 보면서 작중화자의 심경과 먼 거리에 놓여있지 않음을 보여주고 있다. 이것은 자연에다 주관적 해석을 가한 경우다. 自然의 自己化라 해도 좋다. 1) 2)에서처럼 實自然의 外景을 중시하지 않고 자연의 이치를 중시했다는 점에서 구별된다. 그러나 어느 경우든 고시조에서 흔히 볼 수 있었던 심리적 갈등의 해소처로서 자연을 바라보고 있다는 점, 淨化의 공간, 규범적 정신세계의 실재로서의 자연을 바라보고 있다는 점에서 멀리 떨어져 있지 않다.

이것은 우리의 정신문화의 한 단면을 무섭게 노리고 있다는 측면에서도 또 시조대로의 인식을 자연을 통해 구하려고 한다는 측면에서도 매우 긍정적이다.

문제는 과거 고시조의 작품세계에서 보여주었던 심미적 대상으로서의 자연 또는 정감의 직설대상으로서의 자연의 작품이 보이지 않고 있다는 점을 지적할 수 있다.

5) 落花芳草路의 깁치마를 쓰럿시니
風前의 니는 꼿치 玉顔의 부듯친다
앗갑다 쓸어올지언정 밥든마라 호노라
安玟英(金玉 70)

---

4) 내님을 그리슥와, p. 38.

6) 杜鵑의 목을 빌고 묏꼬리 辭說 꾸어
   空山月 萬樹陰의 지져귀며 우릿싀면
   가슴에 돌갓치 미친 피를 푸러볼가 하노라
                              安玟英(金玉 148)

5), 6)은 동일인의 작품이다. 그렇지만 자연에 대한 인식태도는 다르게 나타
내었다. 그만큼 여러모로 자연을 인식하였고 작품세계의 단순화를 거부하려
했기 때문에 그는 時調名人으로 지목받은 것이리라.

5)는 자연은 다만 심미적 대상일 뿐이다. 이렇게 자연을 심미적으로 바라보
았던 시각들이 고시조에서도 漢詩에서도 흔하게 볼 수 있다. 이것은 道學者
의 다음과 같은 시조와는 크게 다름을 알 수 있다.

7) 靑山은 엇뎨ㅎ야 萬古에 푸르르며
   流水는 엇뎨ㅎ야 晝夜에 긋디 아니는고
   우리도 그치디 마라 萬古常靑호리라
                              李 滉(陶山六曲板本 11)

8) 靑山은 萬古靑이오 流水난 晝夜流라
   山靑靑 水流流 그지도 읍슬시고
   우리도 긋치지 마라 山水갓치 하오리라
                              申 埻(伴鷗翁遺事)

7) 8)은 모두 동양의 美意識을 대변하고 있다. 동양에서의 美는 至高의
가치체계를 수반하는 것으로 감각적 차원을 초월한 정신세계로서의 사색이
어야 한다.

靑山은 萬古靑, 流水는 晝夜流로 인식한 恒存的 價値가 곧 동양의 美意
識의 한 갈래다. 그러니까 7) 8)은 미적 가치체계의 존재물로서 자연을 보았

을 뿐 자연의 실상과는 거리가 있는 셈이다. 다르게 말하면 자연을 찾아나서 자연을 발견한 것이 아니라 미적 가치체계의 논증적 실재를 찾아나서 보니 자연을 발견하게 된 것이므로 자연은 하나의 수단에 머물러 있다. 곧 심미적 대상도 정감의 직설을 위한 토로대상도 아닌 셈이다. 그러나 5)는 자연이 다만 완상물이고 감상물이므로 理致詩가 아니다.

6)은 심정의 호소처로서의 자연이고 자연으로 치환하고 싶은 자신의 심정을 나타내었으므로 5)와도 다르고 7) 8)과는 더욱 다르다. 6)에서와 같이 자신을 향한 위안물로서의 자연도 아니고 자기 삶의 敎示體로서의 자연도 아니면서 자연을 향한 同一視를 꿈꾸는 작품세계도 우리 고시조엔 흔히 보인다.

여기까지 오면서 고시조를 여러 편 예로 든 이유는 현대시조시인들의 고시조 작품세계에 대한 인식의 부족을 지적하고자 함이다. 현대시조는 고시조의 세계관을 능가하고 초월하는 것만으로 존재당위가 있는 것은 아니다. 고시조 대로의 세계관을 오늘날에 다시 정립하고 계승하는 데에서도 의미성을 가져야 한다는 것이다.

자연을 자연 그대로 보고 즐기고 자연을 심정의 토론대상으로 하여 자연에 기탁함으로써 감정을 해소하려 하는 작품들이 이즈음 보기가 어려워 졌다는 점을 지적하지 않을 수 없다. 이것은 전통을 중시해야 하는 시조의 입장에서는 중대한 문제라 아니할 수 없다. 또 하나 특기할 것은 이치적 자연관을 나타낸다고 할 때에도 7) 8)에서처럼 동양시나 그림에서 보여주었듯이 骨法의 경지를 보여주는 작품 또한 보기 힘들다는 것이다.

骨法이란 살을 배제하고 난 뒤의 몸의 형체가 뼈의 연결이듯이 사물의 기본적 형체를 동원하여 동력적 요소 생동적 기운을 얻고자 하는 예술기법이다. 존재의 형식을 최소화하고 의미의 형식을 최대화 하고자 하는 노력이 骨法의 경지다.

7) 8)에서는 일체의 수식과 비유어를 삼가고 자연에 대한 인간을 일대일로

맞서게 하였다.

앞에서 例로 들은 현대시조 작품들에서는 비유가 많고 수식이 많다. 이것도 현대시조가 고시조와 다른 점으로서 충분하게 긍정되어야 할 점이다. 그러나 7) 8)에서 보듯이 非存在의 의미에 의해 지지되는 존재의 가장 간단한 형체를 드러냄으로써 의미심장함을 깨닫게 하는 고시조의 作風도 폐기되어서는 안 된다는 것이다.

멀리 갈 것 없이 이호우시조가 꿈꾸었던 作風은 骨法이고 그것으로서 독보적(사실 고시조의 측면에서 보면 그렇지 않지만) 현대시조를 보여주었음을 상기할 필요가 있다는 것이다.

고시조를 우습게 보지 않고 의미 있게 감상하다가 보면 현대시조의 나아갈 길이 새로 보일 수 있음을 지적하고자 하는 것이다.

Ⅲ. 單首와 連作은 경우가 다르다

單首로서의 시조작품은 連作時調에서 못 느끼는 간결미와 소박미가 있다. 반면, 形體의 기본적 골격만 전달될 뿐 세세한 외적사실, 미묘한 감정세계를 그릴 수 없기 때문에 連作時調에서처럼 이미지의 풍만함과 정확성을 느낄 수는 없다.

고시조는 주로 단수였다. 이것은 고시조의 詩精神이 詩言志歌永言의 저 志를 중시한데서 비롯되었는데, 志를 극단화시키기 위해서는 차라리 연작은 너절하고 의미의 집중을 방해한다고 생각했던 데서 비롯되었다고 본다.

현대시조에서도 단수로서의 작품화를 시도하는 분들이 있어왔다.

    9) 어머니 찾아서 종일을 헤맸어요
       찾아도 찾지 못한 어머니 생시 모습

눈물로 어리는 모습 산빛 물빛 하늘 빛
        - 주강식 '어마니' 전문5) -

10) 감들이 불을켜니
    가을이 익는 갑다

    바람소리 물소리가
    예전과 같지않고

    머리쉰 마음 한켠이
    산그늘로 졸고 있다
        -강기주 '감나무 나무' 전문6) -

  9)는 어머니를 여의고 슬픔과 허전함을 읊은 것인데, 여기서 연작으로 시도
되었다면 슬픔에 대한 박진감과 어머니 죽음에 대한 애절함이 선명화되지
않을 것이다. 감정이 북받칠 때는 말보다 울음이 앞서는 법이다. 말의 주술적
전개를 통해 슬픔을 나타낼 때는 슬픔에 대한 여유가 생긴 이후이다. 슬픔이
강인하면 할수록 말수가 적어지는데, 9)에서도 슬픔이 아직 생생히 남은 작자
의 입장에서는 슬픔을 길게 구술할 여유가 없고, 설사 여유가 있다해도 슬픈
시를 슬프게 묘사하는 데는 말수가 적어야 박진감이 느껴지는 법이다.

  10)은 가을감나무를 보면서 靑春을 소진하고 있는 자신을 발견하게 되었다
는 것인데, 여기서도 가을감나무를 닮은 자신의 발견에 대해 부연해서 설명하
는 것은 긴장미를 이완시키는 효과를 가져오게 된다.

  사물과 사물의 연첩을 시도해서 순간적인 직감의 시적 표현을 노린 작품일
수록 짧아야만 시적 긴장이 팽배해진다.

---

5) 釜山時調, p. 359.

6) 앞의 책, p. 241.

11) 낯선 배 우는 날은
    누렁이 생각난다

    깨밭골 감나무골
    그립다 울어쌓던

    오늘은 메아리 되어
    먼 水天에 집니다.
    - 전 탁 '뱃고동' 전문7) -

11)은 뱃고동소리와 황소의 울음소리를 오버랩시킨 작품이다. 배가 항구를 닿거나 떠날 때 길게 내뿜는 뱃고동 소리, 황소가 정든 자리에서 떠나거나 돌아올 때 우는 울음소리를 묘하게도 대질리게 하여 놓았다. 지금은 존재하지 않는 황소의 그날 울음이 뱃고동소리로서 顯現되었거나 뱃고동소리라는 자극물에 의해 회고되었다 해도 뱃고동소리와 황소울음소리는 서로의 조응적 관계가 성립된다. 이렇게 순간적 사실의 시적 표현은 단수가 제격이다.

가람은 일찍이 連作時調를 주장하였고 그것이 시조의 현대화인양 설명하였지만 이 말에는 다소의 모순이 있다.

시조의 생명은 3장구성의 완결미를 통해 함축된 의미를 순간적으로 느끼게 하고 이것이 寸鐵殺人의 기운으로 독자의 폐부를 찌를 때에 비로소 시조로서의 진가가 발휘된다는 입장에서 본다면 연작은 나태한 감정처리의 소산으로밖에 인정되지 않고 말 것이다.

12) 장마철 중참때쯤
    조선솥에 콩 밀 볶아
    세월 절어 손때 묻은

---

7) 앞의 책, p. 332.

바가지에 치면히 담아
'順이야!'
토담 너머로 불러
넘겨주던 우리 情아.
      - 徐在洙 '情(1)' 전문8) -

12)는 우리 마음 속에 잠복되어 있는 유년기의 추억과 유년기에 감당할 수 있는 異性에 대한 情을 읊었다. 한 순간에 일어난 사건의 정서적 고양을 느끼게 하기 위해서는 길어야만 유효하다고 할 수 없다.

12)는 동시적인 분위기에서 멀리 떨어져 있지 않다. 차라리 동시조라고 해야 옳을 것이다. 동시조는 어린이 심정의 시조화를 의미한다고 할 때 시간적으로는 과거에 놓여있지만 시적행위는 유년기라는 의미에서 동시조라함직 하다는 것이다.

동시조는 더욱이나 長詩化해야할 이유가 없다. 어린이의 감정세계가 단순하다는 의미에서도 그렇다.

왜 이렇게 장황하게 단수에 대한 설명을 하는가 하면 현대시조의 작품경향이 시상의 응축보다는 나열에 힘쓰고 이 作風이 시조의 본령인 양 인식되고 있는 것 같아서이다.

13) 이것은 소리없는 아우성
    저 푸른 海原을 향하여 흔드는
    영원한 노스탈쟈의 손수건
    순정은 물결같이 바람에 나부끼고
    오로지 맑고 곧은 이념의 푯대 끝에
    애수는 백로처럼 날개를 펴다
                - 유치환 '깃발' 일부 -

───────────────

8) 앞의 책, p. 289.

　　이것은 한국의 名詩로 소개되고 있는 靑馬의 깃발 일부이다. 깃발이 아우성, 손수건, 순정, 백로 등으로 비유되고 있어 이미지의 난립이 일어나고 있다. 이미지의 집중화가 일어나지 않고 오히려 이미지의 분산을 획책하고 있는 작품이다. 이것은 이것대로 구체적 사물을 추상적 事象으로 나타내어 이미지의 복합화를 꾀한다는 점에서 의미가 없는 것은 아니다. 오히려 自由詩는 이런 作風이어야 한다는 주장도 있어왔으므로 이것대로의 의미확보가 되어 있는 셈이다. 그러나 시는 복잡하고 소란스럽지 않아야 한다는 전통시법의 고수가 낡고 고루하다고만 치부될 수 없다는 말을 하고자 하는 것이다.

　　단수는 구체적 사물의 추상적 事象化로 나아갈 수가 없는 단수 그것대로의 완결미학을 보장받아야 하기 때문에 이미지가 단순할 수밖에 없어야 한다. 시상의 나열이라고 하더라도 상황전개가 바뀌는 경우는 필연이다.

```
14) 버스표 한 장으로
    산복도로를 돌아가면

    산번지 오두막집
    옹기종기 모여 사는

    산새들 어여쁜 눈빛
    고운 인정도 만나 본다

    차창 밖 바다를 보며
    망양로를 돌아가면

    어느개 내 마음은
    삼월 하늘 삼월 햇살

    실버들 물오른 가지
```

> 연두빛도 만나 본다.
> 　- 김필곤 '버스표 한 장으로' 전문9) -

14)는 일차적으로 버스를 타고 산복도로를 돌아가는 국면과 이차적으로 망양로를 돌아갈 때의 두 국면을 전개시켰으므로 두 상황을 전달하기 위해서는 連作일 수밖에 없다. 前景詩(panoramic poetry)는 전경을 펼쳐 보여야 하기 때문이다. 그런 경우라 해도 14)는 번다한 수식과 비유를 삼가고 있다. 담백한 심상, 고체감을 주는 심상이기 때문에 잡다한 느낌을 받도록 하지 않는다.

시조가 자유시의 방만함을 흉내내려 하지 않고 시조대로의 이같은 모색을 추구하는 것은 시조다움의 맛을 확보하는 데에도 기여하리라 본다. 무언가 시조가 자유시의 作風에 기웃거리고 있는 것 같아서 14)같은 작품을 다시 읽게 한다.

Ⅳ. 마무리

이상에서 밝힌 바를 요약하면 다음과 같다.

먼저 자연을 소재로 한 작품들을 살펴보니, 현대시조에 나타난 자연은 자연에 대한 주관적 해석을 배제하고 자연 가운데에 行遊하면서 인간을 위무하는 행락의 여유공간으로 나타난 작품들이 있었다. 또 자연에 대한 敍景化, 寫生 寫實을 가볍게 처리하면서 天地萬物의 所當然之則과 所以然之故를 밝히려 드는 理致的 自然詩들이 있었다.

이들 작품들은 고시조에서 흔히 볼 수 있었던 심리적 갈등의 해소처, 淨化의 공간, 규범적 정신세계의 실재로서의 자연이라는 점에서 고시조에서 멀리

---

9) 앞의 책, p. 260.

떨어져 있는 작품세계는 아니었다. 문제는 고시조가 보여주었던 심미적 대상으로서의 자연, 정감의 직설대상으로서의 자연이 보이지 않고 있다는 점이다. 즉 자연을 자연 그대로 즐기거나 심정의 토로대상으로 삼아 감정을 해소하려는 작품들이 보이고 있지 않다는 것이다.

이러한 현상은 고시조가 자연을 풍부한 인식세계에서 바라보았다면 현대시조는 자연을 위축해서 바라보고 있다고 하겠다. 그리고 고시조에서의 자연시는 존재의 형식을 최소화하고 의미의 형식을 최대화하고자 하여 骨法의 경지를 보여주었다. 그러나 현대시조에서는 이러한 作風이 보이지 않는다.

다음으로 單首와 連作에 대해 알아보면, 고시조는 의미의 집중, 시상의 응축을 노리기 위해 거의 다가 단수였다. 그러나 현대시조는 連作위주로 창작되고 있다. 연작위주의 창작이 시상의 응축보다는 나열에 있음을 강조하기 위한 것이라며 시조대로의 作法과 거리가 있다는 것이다.

현대시에서는 구체적 사물을 추상적 事象으로 나타내어 이미지의 복합화를 꾀하는 경우가 많은데, 이러한 현대시풍을 닮은 것이 현대시조여야 한다면 문제가 있다는 것이다. 시에 대한 우리의 전통은 이미지가 복잡하고 소란스럽지 않아야 하는 것이었다. 이런 전통시법의 고수가 낡고 고루하다고만 치부될 수는 없고, 더욱이 전통시로서의 시조는 오히려 우리 시의 이런 점을 살려서 시조 본연의 자세를 지키는 것이 시조존재의 당위를 살리는 길이 된다고 생각한다.

이상의 사실들은 여러 시조시인들이 참여하고 있기는 하지만 두 권의 시조집을 대상으로 한 연구결과라는 점에서 문제가 없는 것은 아니나 비록 두 권의 시조집을 연구대상으로 했다해도 이상의 밝힌 바가 드러나 있어야 한다는 점을 강조하고자 하는 것이다.

現代時調 作品을 통해본 創作上의 문제점 연구

Ⅰ. 서 론

고시조는 조선조 사회구조가 용인하는 시가였다고 한다면 현대시조는 현대사회가 용인하는 시라 할 수 있다. 그리고 고시조는 현대시의 출현 이전의 시가라면 현대시조는 현대시와 병존하는 시대의 시이다. 그렇기 때문에 현대시조는 시조로서의 속성, 시가가 아닌 시로서의 속성, 그리고 자유시와의 변별성을 두루 가져야 하는 시형태인 셈이다.

현대시조는 이와 같은 문제들을 어떻게 해소하고 있는가. 아니면 이와 같은 문제들을 문제삼지 않고 방황하고 있는가. 이러한 의문은 시조시인들만의 의문이어서는 안 된다.

한국문학은 외국문학을 받아들여 창조적으로 발전시키는 한편, 우리 문학의 전통성을 계승·발전시켜 한국문학의 독특성을 유지해야 한다고 본다. 후자의 입장에서 생각해 볼 때, 다른 장르에서보다 현대시조가 안아야 할 책임이 크다고 할 것이다. 그것은 시조장르 그 자체가 우리 문학 고유의 장르

라는 측면과 오랫동안 한국인의 정서를 담아왔던 문학형태였다는 점에서이
다. 문학장르의 탄생과 그것의 오랜 계승은 민족 내부의 정서와 밀접한 연관
성을 가지고 있다는 이유에서도 시조장르는 전통성의 확보라는 과제에서 벗
어날 수 없는 것이다.

　이렇게 볼 때 현대시조는 고시조대로의 답습이어서는 안 되지만 고시조로
부터의 완전탈피여서도 안 된다는 가설이 성립되는 것이다. 그러면 과연 현대
시조로서의 현대시조다움이 무엇이여야 하는가 하는 문제로 귀결되겠는데
이 문제에 대한 연구가 이루어지지 않고 있으니 현대시조 창작에 큰 문제가
이미 존재하고 있음을 의미한다고 하겠다.

II. 이미지의 모호성

　시조는 애초 詩라고 인식하지 않았기 때문에 時調라고 이름을 붙였다.
　조선조시대 詩라고 하면 漢詩를 이름이었고, 한시는 일단 문자표기상 漢字
이고 형식상 한시형식에 따라야만 했다. 여기서 벗어나면 시라고 하지 않았기
때문에 시조 또는 가사라는 이름이 필요해진 것이다.[1]
　시조를 달리 永言이라고도 한다. 이것은 書經에 詩言志歌永言이란 말에
서 따왔는데, 唱으로 불리워진다는 의미에서 永言이라 별칭한 것이다.
　개화기를 맞이하자, 여태 국문이라고 하면 眞書라 했던 한자를 가리켜 왔
었는데 諺文이라고 천시하던 한글을 국문이라 하기에 이르렀다. 이렇게 되자
여태 시라면 한시를 가리키던 것이 우리 시를 시라고 해야할 판인데 과연
무엇을 시라고 해야 할지가 문제가 될 수밖에 없었다.
　일단 시는 한글로 된 시를 이른다는 데에는 일치를 보았지만 어떤 형태와
내용을 시라고 할 것인가가 문제가 되어 이 문제를 풀기 위해 여러 가지로

---

1) 시조를 詩답다고 하여 詩調라고 표기한 곳도 있었지만 널리 일반화되지 못했다.

실험해야 하는 과정이 일어난 것이다.

　여기에 제일 먼저 실험시로 등장한 것이 언문풍월이었다.

　　　1) ① 영특남아 여보시
　　　　 ② 독립전징 니흐지
　　　　 ③ 디구열강 일등국
　　　　 ④ 틱극국긔 참됴치
　　　　 ⑤ 긔션가를 부르고
　　　　 ⑥ 승전고를 울니니
　　　　 ⑦ 아하참물 어렵다
　　　　 ⑧ 분운턴디 이시비2)
　　　　　　　　※ 번호는 필자

　1)은 國文風月三首라 제목을 붙인 언문풍월인데 세 사람의 작품 한 수씩을 묶어서 발표된 것 중 東初라는 이의 작품에 해당한다. 1)에서 보듯이 한시형식인 칠언절구 형식을 따르면서 ①-④까지가 한 수, ⑤-⑧까지가 한 수가 되어있으므로 2수 1편인 셈이고,3) 압운은 / ㅣ /인데 ①에서는 압운을 맞추려다 보니 '여보시오'가 '여보시'로 나타났고 ⑤에서는 '부르니'로 압운을 맞추어야 함에도 '부르고'가 된 것은 ⑥에서 '울니니'가 오기 때문에 부득불 운을 못 붙인 것이다. 물론 ③,⑦의 끝에 운을 붙이지 않은 것은 絶句의 轉에는 운을 붙이지 않는다는 것과 일치시키려 했기 때문이다. 그리고 한시의 칠언절구가 4음절과 3음절의 의미분절이 되고 있는 이치에 따라 영특남아/여보시// 독립전징/니흐지// 등으로 의미분절되는 것과 압운법이 절구형식에 맞추려는 것 등에서 볼 때 한시형식을 우리 시형식으로 활용하려 했음을 알 수 있다.

---

2) 太極學報 24호(1908.10.).

3) 여기서 國文風月三首의 三首는 三篇으로 해석할 수 있다.

그러나 운을 억지로 맞추려다 보니 부자연스러운 말을 만들 수밖에 없게 되고, 의미의 나열만 있었지 의미의 함축을 제대로 이룰 수 없게 됨을 알고부터 한시형태는 우리 시형태의 모형이 될 수 없음을 깨닫게 되어 개화기를 지나오면서 언문풍월은 사라졌다. 가사도 상당량의 작품이 발표되었지만 가사형식을 우리 시의 형식으로 하자니 시형식이 길기도 하지만 이 긴 형식에다 율조의 규칙성을 수반해야하므로 창이 수용할 수 있는 유장한 맛을 살리는 데는 적합하지만, 시심을 압축해서 나타내야 하는 현대시의 형식으로는 부족하다고 느껴 이것 역시 개화기를 지나오면서 도태되고 말았다.

그런데 시조만은 살아남게 된 것은 무슨 연유에서인가.

첫째, 시조가 갖는 형식이 가사보다는 단단하고 한시형식보다는 자수구속이 덜할뿐더러 시상의 전개가 어렵지 않다는 점.

둘째, 오랫동안 시조를 익히고 오면서 체득된 체질화가 시조를 사장시킬 수 없도록 하였다는 점.

셋째, 시조는 창의 가사이긴 해도 창을 떠나 율독으로의 吟詠으로서도 口傳되어 왔던 문학이었기 때문에 개화기에 들면서 창이 쇠퇴해도 음영문학으로서의 위치를 확보할 수 있었다는 점 등을 들 수 있다.

그런데 개화기를 지나오면서 자유시에 대한 인식이 높아지고 시의 기능하는 바가 의미의 전달에 있기보다는 시상의 표현에 있다는 생각이 강하게 등장하자 시조도 개화의지의 전달에서 시상의 표현을 중시하는 작품들이 등장하기에 이른 것이다.

　2) <紀> 平壤行

N.S

仙源이 어대매냐 보이나니 桃花로다

닭을 鳳으로 봄도 눈에 眼鏡이라 하니
우리는 이곳 구븨구븨에 標石 세고 가려하노라.4)

3) ◁ <懸賞文藝>欄
　　○ 無題(賞壹圓書籍劵)
　　　　天安公立普通學校 韓東璜
　　萬樹에 닙퍼지고 長堤에 草綠한데
　　杜鵑새 한소리에 녀름뜻 분명하다
　　이中에 풀뜻는소들 그림본 듯 하여라.5)

　여태 시조는 永言이라 하여 詩와 구별했지만 詩言志 할 때의 그 志의
의미를 포함시켜 의미전달에 치중하여 왔었고 개화기시대에도 이같은 전통
이 고수되어 왔던 것이다. 즉 고시조 작가들은 志를 유가적 덕목과 학식을
바탕으로 하는 정신세계로 이해하여 시조는 마땅히 志를 가져야 하는 것으로
여기고 있었다. 그러나 2), 3)에서 보듯이 시조는 인간의 상상력을 발휘하여
사물을 새롭게 인식한 작품세계여야 함을 보여주고 있는 것이다. 시조가 이런
움직임으로 나아간 것과 때를 같이하여 우리 시는 자유율을 바탕으로 하는
것이고 시정신과 시기교가 다채로와야 하는 것으로 나아가기에 이르렀다.
이런 생각이 어느 정도 굳어지자 시조도 정형시이므로 고시조와 달리 현대시
의 속성을 가져야 한다는 생각을 하기에 이르렀는데 이것이·지나쳐 자유시의
속성대로의 모방이어야 한다는 인식에 도달하게 되어 형식만 시조일 뿐 시조
다운 내용의 구축을 하지 못하는 경향을 보이기 시작하였다.
　일이 이렇게 되자 시조는 자유시 이전의 문학형태로서 자족해야 하는 것이
고, 새 시대는 새 시대에 맞는 시의 형태가 등장해야 한다고 하여 시조폐지론

---

4) 少年 2년 10권 (1909. 11.).

5) 靑春 10호(1917. 9.).

이 등장하기에 이르렀다. 이에 맞서 시조는 우리 민족 고유의 정서를 담을
수 있는 시형태이므로 부흥해야 한다는 시조부흥론이 등장하기에 이르렀다.[6]
그러나 이쪽 저쪽 모두 이론만 분분하였지 작품의 실례를 들어가며 구체적인
논의에까지 이르지 못하였다. 특히 시조부흥론을 주장하는 이들은 역사성과
전통성을 강조하면서도 이것의 현실화를 작품으로 예증하지도 못하였고 이
론적으로 타당성을 보장받지도 못하자 시조는 변방으로 밀리는 신세가 되고
말았다. 현대시조가 문학의 변방으로 밀리지 않으려면 시조다움의 확보에
있다고 본다.

현대시조가 자유시와의 어떤 변별성이 있느냐 할 때, 그 변별성이 형식에만
있다는 주장이라면 그 주장은 설득력을 충분히 발휘하지 못한다. 형식 뿐
아니라 내용에서도 시적 기교면에서도 시조다움의 고수가 있어야만 시조존
재의 당위가 있다고 하겠다. 그런데 현대시조는 자유시풍을 닮으려고만 하는
데에서 시조의 근본을 잃고 있다. 우선 심상의 측면에서 살펴보기로 한다.

　　4) 菊花야 너는 어니 三月東風 다 보내고
　　　　落木寒天에 네 홀노 픠엿는다
　　　　아마도 傲霜孤節은 너뿐인가 ᄒᆞ노라.
　　　　　　　　　　　　　　　　　- 李鼎輔(甁歌 420) -

　　5) 모두들 靑春을 피는데
　　　　호올로 아껴온 몸이

　　　　어느새 엷어진 하늘

---

6) 제1차 시조논쟁은 1920년대 KAPF에 대항하기 위해 국민문학파가 시조를 들고 나옴으로써
　 시작되었고, 제2차 논쟁은 1953년 이태극님이 「時調復興論」(時調研究 제1집, 1953. 1. 5.)
　 이 발표되자 이에 대한 반발로 일어나게 되었고, 제3차논쟁은 張何步님이 「現代時調의 理
　 解」(부산일보, 1958. 6. 4.)를 발표하자 이에 대한 반발로 일어나게 되었다.

속절없는 세월인가
맘이야 봄이라손들
나비 이미 가고 없네.
                    - 이호우 `菊花` 전문 -

6) 그 숱한 고된 날들의 모닥불을 밟아넘어
   외론 맘 銀線 위에 한 하늘을 맑혀놓고
   十月도 고비길에서 고여오른 그리움.

   사랑은 圓舞도 없이 잎이지는 나달이야
   큰 칼 쓴 내 春香이 허수룩한 옷매무새
   傷心은 千里 먼 생각 가고 아니 오는구나.

   한 자욱 돋우밟아 높이 우는 밝은 香氣
   찬 별빛 가슴마다 서리에도 꿈은 더위
   그것이 눈물이라도 피워야할 黃菊花.
                    - 鄭椀永 `黃菊` 전문 -

  4)에서는 국화가 관념물로 비쳤고 국화를 닮아 孤節을 가진 君子像으로서
자신을 내세우고 싶은 욕망이 간접화되어 있다. 5)에서는 자신을 국화에 비긴
것은 4)와 흡사하나 청춘을 소진한 입장에서의 자신을 속절 없어하고 있고,
상당히 논리성을 띠고 있어서 4)에서 멀리 떨어져 있지 않는 작품이라 할
수 있다. 그러나 6)은 4), 5)에서처럼 간명하게 드러낼 수 없는 주제의식을
가지고 있다.
  고시조는 단수가 원칙처럼 지켜지고 있는데 이것은 전달하고자 하는 志를
명확하게 드러내고자 하는 의도에서 비롯된 것이다. 4)에서 보듯이 고시조의
종장은 단정적으로 끝맺거나 결과론적 해석으로 종결짓는데 이렇게 해야만
의미의 함축이 분명하고 전달하고자 하는 내용이 가다듬어지기 때문이다.

그렇게 때문에 고시조에서는 連作을 기피했던 것이다. 연작은 압축미를 상실할 수 있고 그리하여 전달의 내용이 분명하지 않을 우려가 있다.

6)은 비유적 심상들이 많이 동원되었다. 물론 고시조(단시조)에서는 비유적 심상을 여러 개 등장시키지는 않는다. 한 작품 속에 비유적 심상을 많이 동원하면 의미의 다각화와 입체화는 얻을 수 있지만 의미의 선명성을 흐리게 한다.

> 7) 이것은 소리없는 아우성
> 저 푸른 海原을 향하여 흔드는
> 영원한 노스탈쟈의 손수건
> 순정은 물결같이 바람에 나부끼고
> 오로지 맑고 곧은 이념의 푯대 끝에
> 애수는 백로처럼 날개를 펴다
> - 유치환 '깃발' 일부 -

깃발이 아우성, 손수건, 순정, 백로 등의 심상으로 분산되어 있음을 알 수 있는데, 6)에서도 국화가 모닥불, 銀錄, 그리움, 圓舞, 춘향, 별빛, 꿈 등으로 분산됨으로써 복잡하고 소란스럽게 되었다. 그렇기 때문에 6)의 주제는 무엇인가가 모호해져 있는 것이다.

고시조는 단순한 심상에 단순한 구성을 통한 의미의 구체화가 실현되었었는데7) 현대시조에서는 6)에서와 같은 복잡한 심상을 나타내고 있다.

고시조의 한계를 극복하여 현대시조의 새로운 지평을 열고자 노력하였던 초기 시조시인들의 작품은 어떠했는가.

---

7) 우리 시가는 한 작품 안에 여러 심상이 중복되어 나타나는 것을 꺼리고 여러 심상이 동원되었다 해도 비슷한 심상의 반복에 그치는데, 이 경우는 흥겨움이나 의미의 강조를 위함이다. 심상의 산만함은 우리 시가에서는 찾아보기 어렵다.

8) 버들닙헤 구는구슬 　[구으] 굴른다.
　　알알이 지튼봄빗, 　　[지튼] 深濃.

　　찬비라 할지라도 　　[찬비] 凍雨
　　님의사랑 담아옴을, 　[담아] 너허잇슴.

　　적시어 쎠에심인다 　[적시] 물에저즘.
　　마달누가 잇스랴. 　[마다] 실타함.
　　　　　　　- 최남선 '봄ㅅ길' 일부8) -

9) 길도 없는 골을 숲으로 찾아드니
　　눈에 덮인 가지 눌렸다 일어나고
　　간간한 다스한 바람 품안으로 들어라

　　어린 잠을 깨어 버들눈 먼여 뜨고
　　나비는 너울거리고 개나리 웃음을 띠고
　　얼뜨린 개구리마저 봄을 떨고 등개인다
　　　　　　　- 이병기 '봄(1)' 전문9) -

　8)은 봄비를 맞아도 님의 사랑이 담겨있어서 좋다는 취지의 작품이기 때문에 시상이 간명하여 이해에 어려움이 없다. 9)는 연작이긴 해도 뜻은 간명하다. 숲속에 들어서니 다스한 바람이 품안에 든다는 사실이 첫수요, 봄이 되니 동식물이 좋아한다는 사실이 둘째수다. 9)는 연작이지만 각 수가 전체적으로 통합되어 있고 심상이 선명하다.

　8), 9)는 주제의식과 심상이 뚜렷한데 이것은 고시조가 보여줬던 수법을 살리려하고 있음을 의미한다. 그런데 앞의 6)은 자유시 7)에서 보듯이 심상이

---

8) 최남선 : 백팔번뇌(동광사, 1926), p. 107.
9) 이병기 : 가람시조집(백양당, 1939), p. 86.

산만하게 얽혀있다. 현대시조라는 다음의 작품은 어떤가.

> 10) 끓는 오만도 식어 사위는 잿불의 세상 피와 살
> 아니라도 참혹하게 부신 봄을 뼐 속에 거꾸로
> 박힌다. 녹슨 창검의 연대
>
>   - 박기섭 '봄' 전문10) -

일단 10)은 표기부터가 3장 구분을 무시하지만 애써 여러 번 읽어보면 앞뒤 문의 호응에 따라 다음과 같이 章區分이 됨을 알 수 있다.

> 10-1) 끓는 오만도 식어 사위는 잿불의 세상
> 피와 살 아니라도 참혹하게 부신 봄은
> 뼐 속에 거꾸로 박힌다 녹슨 창검의 연대

8) 9)에서는 봄의 현상들이 가시적으로 그려져 있어서 하나의 풍경화를 연상하게 하였지만 10)은 몇 번이고 다시 읽어보아도 심상들이 자연스럽게 연결되지 않아 하나의 초점을 이루지 못하고 있다.

4) 5) 8) 9)에서 공통적으로 느낄 수 있는 것은 작중화자의 정서를 줄이고 사물의 형상화를 추구함으로써 단단한 고체감을 느끼게 하는 것이었고 구체적인 실상을 상상하게 하는 것이었다. 그런데 10)은 시를 수용하는 이의 마음 그릇에 따라 형태지어지게 된다는 것이니 추상적 심상을 보이고 있다.

현대자유시는 10)에서처럼 심상이 파편처럼 산재하여 있을 뿐 연합적으로 통일되어 형상화를 이루지 않는 경우가 많다. 마치 추상화가 통일된 형상미를 부수는 데에 의의를 가지고 있는 것처럼 시도 추상성을 띨 수 있다는 견해가 팽배해져 있다. 그래서 이런 자유시의 수법을 시조도 담을 수 있다는 의미에

---

10) 이도현편 : 한국현대시조대표선(대교출판사. 1993). p. 416.

서 10)이 출발한 것이라면 그것대로 의미가 전혀 없는 것은 아니다. 문제는 왜 현대자유시의 경향을 애써 닮으려고만 하느냐 하는 것이다. 현대자유시가 방종에 가까우리만치 추상성을 띨 때 자유시를 우습게 보고 시조 나름대로의 길을 걸어야 하지 않았나 하는 것이다.

시조가 자유시의 경향을 닮으려 하는 데는 앞서 말한 시조부흥론과 폐지론이 몇 차례 전개되면서부터 시조 자체에 대한 반성이라는 측면에서 전개되었던 것으로 생각된다.

시조부흥론 중에는 시조부흥에 의문이 있을 수 없다는 원칙론, 시조는 현대 사회구조에 맞게 거듭 태어나야 한다는 신중론이 있었고, 시조폐지론에는 대체로 시조형식 그 자체가 현대의 시정신을 담을 수 없다는 것이었다.

이처럼 思潮的인 면에서 변화를 일으켰을 때에, 필연적으로 그러한 내용을 담는 문학형태도 새로운 것으로 개조된다는 것이 움직이지 못할 역사적 과정임을 상기할 때에 우리는 時調의 부흥에 관하여 응당 회의적인 태도를 품지 않을 수 없다. 더욱이 平時調型이 지니고 있는 그 역사적 기능이 儒家 理念인 忠孝思想을 표현하는 데에 있었다는 사실을 상기할 때에 이미 상실된 생활감정과 지도이념의 표현 도구로서의 平時調型이 과연 어떠한 새로운 발전을 기도할 수 있는 것인가에 대하여 우리는 비관적이 아닐 수 없게 될 것이다. … 이로 미루어 어떠한 형태의 詩歌든지 그것이 지닌 바 역사적 기능을 상실하였을 때에는, 새로운 시대의 새로운 형태에게 자리를 비켜 주어야 마땅하리라고 본다. 따라서 이 平時調型도 응당 그 역사적 기능을 상실한 오늘날에 있어서는 본격적인 시문학으로서의 자격을 포기하고 새로운 시대의 총아인 現代詩에게 그 자리를 비켜 주어야 마땅하리라고 본다. 그리고 사실에 있어서 과거 30년의 創作時調의 역사가 우리에게 보여준 바와 같이, 그 양에 있어서나 질에 있어서 現代詩와 대결하여 결코 좋은 성과를 거두지 못하였다는 사실은 우리로 하여금 더욱 時調復興의 가능성을 부정적인 방향으로 이끌고 있음을 간과치 못할 것으로 본다. 더욱 현재의 時調創作壇에서는 먼저 과거의 辭說時調의 경우와 마찬가지로 형

태적인 면에서 여러 가지 새로운 시험들을 꾀하였음에도 불구하고 그 성과
는 그 노력에 비하여 너무도 적막함을 느끼지 않을 수 없게 된다.[11]

　정병욱님은 예술문학으로서의 시는 현대시에게 자리를 물려주고 시조는
제2예술로 은퇴해야 하는데, 이것은 국민적 교양물로서의 존재로 남아있을
수 있다는 주장을 덧붙였다.[12]

　일일이 예로 들 수 없지만 이러한 비슷한 주장들이 이어지자 시조시인들은
시조가 형식의 제약을 받는다고 해서 현대시가 지향하는 시정신에 도달할
수 없는 것이 아니라는 생각을 하게 되었고 그렇게 되니까 여태 없던 10)과
같은 같은 작품이 등장하게 된 것이다. 이런 이유에서라면 현대시조는 한
번 더 반성의 기회를 가져야만 할 것이다.

　첫째, 현대시조는 시여야 한다는 생각이 자유시의 수법을 따르는 것으로
생각한다면 문제가 있다. 차라리 자유시와의 변별성을 강조하기 위하여 시조
대로의 詩法을 계승하거나 개발해서 시조의 존재성을 강조해야 더 바람직한
것이 아니냐는 것이다. 고시조는 작중화자의 정서세계를 되도록 줄이려하는
대신 사회적 공감대를 획득할 수 있는 의지의 세계나 사물의 형상화를 강조하
여 왔다. 이것은 동양시의 전통 중의 하나에 해당된다고 할 수 있다. 정서와
意象이 서로 완전히 결속되어 독자로 하여금 意象을 보면 정서를 느끼게
하는 것을 不隔이라 한다. 반면에 意象이 모호·산만하거나 내용이 없고
정서가 천박하거나 거칠면 독자의 마음 속에 명료하고 심각한 경계를 드러나
지 않게 하는데 이것을 隔이라 한다.[13]

　시는 不隔이어야 한다는 것이 동양시의 특징이라 하겠는데 不隔을 하기

---

11) 정병욱 : 時調復興論批判(新太陽, 1956. 6.), p. 298.

12) 위와 같음.

13) 朱光潛(정상홍 역) : 詩論(동문선, 1991), pp. 84~85.

위해선 정서세계를 산만하게 나타낼 수가 없다는 것이었다. 이런 각도에서 보면 5) 8) 9)는 동양시의 특징이면서 고시조의 전통적 측면을 살리고 있는 셈이고 그렇게함으로써 시조대로의 존재성을 확보하고 있다 하겠다.

둘째, 자유시의 수법을 차용한다고 해도 주제의식이나 심상이 애매모호한 것이 시의 바른 길이 아니라는 점이다. 시의 특징이 애매성을 가진다고 하는 것은 Emperson의 주장이지만 그의 주장은 난삽한 심상의 나열에서 비롯되는 애매성이 아니라 의미와 의미가 서로 겹쳐서 우러나오는 풍부한 의미, 즉 뜻겹침을 말하는 것이었다. 이것은 시의 해석의 단순성을 벗어나기 위한 수단이었지 해석조차 가능하지 않도록 하자는 뜻이 아니었다. 추상이라도 더듬어 像을 이루어 낼 수 있도록 꾸며져 있어야 한다는 것이다. 시에는 형상을 구체적으로 드러내는 시와 추상적으로 감추는 시가 있다 하겠는데 19C 프랑스 고답파시인들은 드러내는 시를, 상징파는 숨기는 시를 주장한 것은 유명한 일이다. 동양시에도 드러내는 시인 寫景詩가 있었고 정취를 숨기는 言精詩가 있었다. 이 경우 드러내어도 粗淺으로 흐르지 않게 숨겨도 晦澁하지 않게 하였다. 경치를 그려내는 데에는 숨기는 것이 부적합한데 숨김은 晦(뚜렷하지 않은 것)에 흐르기 쉽고, 정취를 그려내는 데에는 드러나는 것이 적합하지 않은데 드러냄은 천박함으로 흐르기 쉽기 때문이라는 것이다.14)

Ⅲ. 음수통제의 몰이해

시조의 외형적 형식은 음수율로 파악되는 형식미가 아니라 음보율로 파악되는 형식미를 가진 시형태라는 생각이 일반화되자 음보 안에 내재할 수 있는 음절수는 임의적이라는 생각에까지 도달하여 시조 형식 자체에 의문이 생기게 되었는데 다음과 같은 작품을 예로 들어보겠다.

---

14) 앞의 책, p. 86.

11) 내 유년의 꿈이 배인 고향에 갔더란다
    쑥잎 지지겨 코끝에 부비며 바라본 옛 마을이
    빛바랜 한 폭 그림인양 나앉아 너무 늙어 있었다.

    빈농(貧農)을 버린 탓에 아는 사람 별로 없고
    아무개 그 누구씨 짚어본 혈연 촌수에
    어설픈 기억만이 머언 세월을 말해 주었다.

    그날 악명 높던 백두산 호랑이 토벌로
    양민(良民)이 뿌린 피는 분단의 넋이 되어
    꽃상여 휘돌던 산허리엔 종일 뻐꾸기가 울고 있었다.

    애환의 불씨를 캐는 톱질하는 시간 너머
    무너진 담벼락이며 잡초 무성한 집터며
    밟히는 기와쪽에서 화들짝 많은 애기가 들려왔다.

    아흔아홉 굽이 산자락을 병풍으로 둘러놓고
    와룡골 그 시퍼런 못 속으로 떨어지는 물소리
    구름은 종일 역사를 헹궈 빨며 흰거품을 내고 있었다.
                         - 박영식, '故鄕에 갔더란다' 전문15)

  시조인가 아닌가를 따지려 할 때 우선 시조의 외형적 형식미가 어떠한가를
알아보는 일인데, 11)은 시조의 외형적 형식미를 가지고 있는가. 앞에서도
말했듯이 시조의 외형적 형식미는 음보율이라 할 수 있으므로 11)을 음보율
로 따져 읽어보기로 하겠다.

11-1) 내유년의   꿈이배인   고향에   갔더란다
      쑥잎지지겨   코끝에부비며   바라본   옛마을이
      빛바랜   한폭그림인양나앉아 너무늙어   있었다.

      빈농(貧農)을   버린탓에   아는사람   별로없고
      아무개   그누구씨   짚어본   혈연촌수에
      어설픈   기억만이머언   세월을말해   주었다.

      그날   악명높던   백두산호랑이   토벌로
      양민(良民)이   뿌린피는   분단의   넋이되어
      꽃상여   휘돌던산허리엔   종일뻐꾸기가   울고있었다.

      애환의   불씨를캐는   톱질하는   시간너머
      무너진   담벼락이며   잡초무성한   집터며
      밟히는   기와쪽에서   화들짝많은   얘기가들려왔다.

      아흔아홉굽이   산자락을   병풍으로   돌려놓고
      와룡골그   시퍼런못속으로   떨어지는   물소리
      구름은   종일역사를헹궈빨며 흰거품을   내고있었다.

                              ※ ____은 過音數 音步를 표시

     고시조에 있어서는 종장 둘째 음보를 제하고는 3이나 4음절이 기준 음절에
해당하고 특별한 한두 음보의 경우에 5음절이나 8음절 정도까지가 용납되되
던 것이다. 이 특별한 경우를 달리 대접하여 소위 엇시조라고 칭했는데, 학자
에 따라서는 엇시조를 인정하지 않기도 한다.

12)   朔風은   나무긋틱불고   명월은   눈속에춘듸
      萬里   邊城에   一長劍   집고셔셔
      긴프롬   큰훈소리에   거칠거시   업세라

                              - 김종서 (甁歌 324)

13)	藥山東臺	여즈러진바회틈에	倭躑躅ㅅ것튼	져님님이
	니눈에	덜핀거든	남인들	지닉보랴
	새만코	쥐뫼인東山에	오됴간듯	호여라.

(源河 440)

여기서 보듯이 우리 고시조 속에는 아주 드물지만 과음수 음보가 있었다. 그러나 11)처럼 9음절까지가 한 음보로 읽혀지는 그런 경우는 없었던 터다. 그리고 한 작품 안에 과음수 음보가 여러 번 중첩되지도 않았었다.

12), 13)에서와 같이 고시조 안에 과음수 음보가 섞일 수 있었던 것은 창의 율박이 이 정도의 넘침은 용납할 수 있었다는 데서 비롯되었다. 고시조가 창의 가사로만 소용되지 않고 구전해 오면서 율독을 하였다는 측면에서 생각해 봐도 12), 13)이 율독상의 어려움을 준다고 볼 수 없다고 본다. 그러나 11)에서 보듯이 한 음보의 길이가 9음절이나 된다고 한다면 율독상에도 어려움이 있을 것 같다. 고시조에 9음절로 된 음보가 보이지 않는 것도 창의 율박에 어긋나기 때문인 것으로 생각된다.

11)은 과음수 음보가 여러 번 등장하고 있다는 점에서도 문제의 작품이라 하겠다. 또 "쑥잎지지겨│코밑에부비며"가 중장 첫째 둘째 음보로 위치하고 있지만 이것은 "쑥잎│지지겨│코끝에│부비며"로 읽으면 章으로서 손색이 없는 음보로 나누어 질 수 있다는 점에서 봐도 무리하다는 것이다.

    14) 바람은
        돌을 품고 입술 깨무는 비바리의
        치마폭에서 울고,

        돌멩이 바람 맞으며
        비바릴 지키는데,

비바린 바람 마시며
돌처럼 버텨 산다.
　　　　　　정임수, '삼다도'일부16)

14)는 월간《한국문학》신인상 시조부문 당선작이라고 하였으니 시조 권위자인 심사위원들이 우수한 작품으로 인정한 작품인 셈이다. 이 작품을 음보율로 따져 초장을 읽어 보면 다음의 두 경우 중 어느 하나로 읽어야만 한다.

　① 바람은　돌을품고입술깨무는　비바리의　　　치마폭에서울고
　② 바람은　돌을품고　　　입술깨무는비바리의　치마폭에서울고

①이 아니면 ②로 읽혀지겠는데, 어느 경우든 9음절을 한 음보로 처리해야 하는 것이 14)인 셈이다.

이렇게 되면 9음절도 한 음보로 처리될 수 있다는 것이 심사위원들의 견해라 할 수 있다. 그러나 9음절은 3음절을 기준 음절수(3이나 4를 기준 음절수라 한다)로 본다면 세 음보만큼의 음량이 한 음보 안에 포함되어 버린 경우가 된다. 이것이 용납된다면 시조 음보 자체가 퍽 임의적인 것으로 전락하고 말 것이다. 이렇게까지 파격을 가해야만 현대시조가 성립되는 것일까. 그리고 왜 유독 음보 한 곳에만 지나친 파격이 가해졌나 하는 것도 납득되지 않는다. 여기서 파격이라고 한 말은 율독상의 허용치를 초과하였다는 의미인데 이것을 음표상에 옮겨 설명해 보기로 한다. 가령, ①이나 ② 어느 것이든 좋지만 ①을 음표상에 옮겨 각 음절끼리의 음량상의 길이를 측정한다면 다음과 같다.

①-1)　♩♩♩|　　♫♫♫♩　|　♩♩♩♩|　♪♪♪♪♪♩|
　　　바람 은|　돌을품고입술깨무는 |　비바리의 |　치마폭에서울고 |

---
16) 이도현 편, 한국현대시조대표선(대교출판사, 1993), p. 416.

각 음보는 음보끼리 똑같은 시간적 길이를 가진다. 음보를 음표상 마디로 끊어 읽어보면 읽는 사람마다 약간씩의 편차가 있겠지만 대체로 위의 경우에서 크게 벗어나지 않으리라 본다. 음보로 끊어 읽는 율독 그 자체가 음악을 의미하는데, 음악 악보상 위와 같이 한 마디는 지나치게 조밀한 음표가 들어가 있고 반대로 다른 마디는 엉성한 음표가 들어가 있다면 음의 흐름이 순탄하다고 할 수 없게 된다.

안정된 음악은 각 마디가 균형과 조화를 이루어야만 한다. 그러니까 14)는 시조로서 부자연스러운 형식미를 나타내고 있다고 할 수 있다.

이렇게 과음수 음보가 등장한 부자연스러운 형식미의 작품이 있는가 하면, 다음과 같은 소음수 음보의 빈번한 등장으로 인한 부자연스러운 형식미의 작품도 있다.

이번에는 편의상 음보율로 표기해서 작품을 예로 들기로 한다.

15) 한편의   시(詩)는   곱게   마른채로
    꽃병에   꽂혀있거나   벽모서리에   매달려서
    한없이   젖어올날을   기다리는   것이다.
                    - 이정환, ‘한 편의 시는’ 일부17)

16) 그럴땐,   나는   한발짝   물러서서
    곰곰이   다시생각   생각해   본다
    告白때   은밀히감추어둔   죄가   있는가를.
                    - 김월준, ‘산에게 물어보면’ 일부18)

15)는 한 장 안에 2음절 짜리 음보가 2개 들어 있다. 16)은 초장 중장

---

17) 앞의 책 p. 420.

18) 시조시학(시조시학사, 1993년 여름호), p. 38.

종장에 걸쳐 2음절짜리 음보가 3개 들어 있다. 그리고 작품 전체로 보아 16)은 2음절 짜리 음보 3개, 7음절 짜리 음보 1개가 들어 있는데, 음보 안에 들어가 있는 음절의 편차가 크다는 의미에서 일단 파격이고 소음수 음보(1음절로서 1음보를 이루는 경우는 없다)가 한 작품 안에 자주 나타난다는 것도 균형을 깨뜨리는 경우가 되어 부자연스러운 형식미를 나타낸다고 할 수 있겠다. 이 경우를 분명히 들추기 위해 고시조와 나란히 음표화해서 살펴보기로 한다.

A) 한편의   시(詩)는   곱게   마른채로
B) 靑山裏   碧溪水야   수이감을   자랑마라

A-1) ♩♩ ♩ | ♩ ♩ | ♩ ♩ | ♪♪♪♪
B-1) ♩♩ ♩ | ♪♪♪♪| ♪♪♪♪| ♪♪♪♪

B-1)은 비교적 고른 음의 배분이라면 A-1)은 4/4박자인지 2/2박자인지 모호하다. 한 음절에 걸리는 시간의 양을 서로 비슷하게 배분해서 가질 때에 자연스러운 율박감을 느끼는 것이지, ①-1)에서처럼 빠른 템포가 A-1)에서처럼 느린 템포가 중간에 끼어 들어 전체의 조화를 흐리게 하면 시조의 형식 자체가 와해되는 느낌을 준다. 이런 파격을 보이는 시조가 흔하게 등장하고 있으니 적은 일이 아니다. 시조 형식을 음보율로 이해한다고 해도 음보율 그 자체가 음수 통제를 전제하고 있음을 놓쳐서는 안 된다. 음보율 그 자체가 엄격한 음수통제를 의미하지는 않지만 음수의 허용범위가 지극히 좁다는 것이다.

17) 새벽이 남긴 추위 보내지 못해
    풋가지에 이는 을씨년스런 조름

유년이 이 기슭에 그린 수줍은 안부

또다시 허용된 꽃샘바람은 일어
짖궂은 내 전쟁의 문을 열더니
팔각모 터뜨리는 그대는 별 .

- 이처기, '산수유소식' 전문19) -

시조가 정형시라면 율박의 규칙화를 의미하는 것인데, 17)은 시조의 형식
미와는 거리가 있는 작품이므로 시조로서는 실패작이라 할 수 있다.

11), 14), 15), 16), 17)과 같은 작품들은 고시조(단시조)에서는 찾아보기
어렵다. 그것은 이같은 작품들은 창의 가사로서 음악에 얹어 부를 때 통상
관례대로의 음악적 흐름에 이상을 느끼게 한다는 데 있었다. 그리고 시조는
구비전승하기도 하였고 창이 아니라 율독으로도 읽혀졌기 때문에 옛 시조시
인들은 율독상의 장애를 느꼈던 것이라 생각된다. 그런데 현대시조 시인들은
이같은 사실을 모르고 음보가 포용할 수 없는 음절을 도입하여 시조를 파격화
시키는가 하더니 이번에는 파격을 떠나 다음과 같은 시조 아닌 작품이 시조작
품으로 시조 전문지에 실리고 있으니 얼마나 시조문학이 어지러운가를 짐작
하게 한다.

18) 찌든 아내의 눈두덩을 보다 못해
억새꽃 한아름 꺾어다가
오지동이에 꽂아놓았다.

할머님이 물려주신
마음 비운지 오랜 오지동이
아가리가 커서 궁상맞더니만

---

19) 경남시조문학회 편, 앞의 책, p. 146.

인제야 임자를 만났구나.

맹물만으론 채울 수 없는
허기진 세상에서 억새꽃을 만나
한아름 통째로 받아놓고 보니
푸짐하고 넉넉도 하다.

거실이 삽시간에 환해지는구나
찌든 아내의 눈두덩에
주름이 펴지는구나, 옳거니!
- 鄭仁洙, '아내를 위한 斷章 ·12' 전문[20]

8)은 <精選 14人選>이라는 특집으로 시조 전문지에 실렸는데, 권위자가 정선을 한 셈이고 작자도 시조 전문지에 투고하였으니 시조라고 자부하고 있는 셈인데 이게 시조인가.

대체 시조단에 이런 시조의 변이형태나 가짜 시조가 흔하게 등장하고 있는 것은 무슨 이유에서인가. 이런 현상이 나타나게 된 것은 시조 부흥을 위해선 구시대의 리듬을 배격하고 短詩形文學으로 나아가야 한다는 주장 또는 시조 형식 자체에 대한 혁신 없이는 시조의 부흥은 무의미하다는 주장들에 영향 입은 결과가 아닌가 한다.

時調形式의 整齊는 장래 時調發達의 初期에 있어서 무엇보다도 緊急한 일로 생각된다. 그리고 그의 健實하고 자유로운 발달을 바라기 위해서는 묵은 感覺과 情緒로부터 脫却시키는 대담한 作者 天才가 나오기를 바란다. 淸新한 感覺과 潑刺한 生命으로 彈力있는 詩型·詩想을 만들기를 바란다. 復興도 生이다. 出生 그 때와 同一한 努力과 意氣를 요구한다. 古人의 古道를 그대로 밟는 것이 결코 復興의 道는 아니다.[21]

---

20) 시조시학, 1993년 여름호, p. 44.

허영호님은 시조부흥 운동이 일어나야 할 운동으로 인정하면서도 현재대로의 형식으로는 부흥되지 않는다고 주장하였다. 이와 비슷한 주장이 30년쯤 뒤에 다시 주장되었는데 내용을 살펴볼 필요가 있다.

> 時調를 再建할 수 있는 길은 字數形文學으로 統計學的인 舊世代의 '리듬'에의 盲從을 排擊하고 자유로운 短詩形文學으로 定立시키면서 現代詩가 가질 수 있는, 가져야 할 領域에 果敢한 開拓을 意圖할 現代詩를 感賞할 수 있는 時調 詩人의 出現으로써만 可能하리라고 본다.[22]

앞에서 허영호님이 탄력 있는 시형이라고 한 말이나 김동욱님이 자유로운 短詩形文學이라고 한 말은 시조 형식 그 자체의 모순을 극복해야 한다는 주장인데 이것은 시조 형식이 시로서의 정서 표현에 미흡하다고 본 소치이다. 그러나 시의 정의를 어떻게 내려 그런 의견이 나왔는지는 모르지만 시의 형식이 자유율에 국한해야 한다는 것이 아니라고 한다면 이런 말들은 문학원론에서부터 어긋난다. 다시 한 번 강조하거니와 정형시는 율독상의 규칙성을 벗어날 수 없는 시다. 규칙적 율독미를 생명으로 하는 시를 정형시라고 하는데 이를 거역하면 정형시라 할 수 없는 것이다.

형식은 내용이 外化한 것이고 형식이 내용을 구속하거나 억제하기보다는 시적 논의를 어느 방향으로 힘차게 견인하는 적극적 장치라고 생각한다면 시조 형식이야말로 자유시가 누릴 수 없는 정신세계를 시화할 수 있는 독특한 시형태가 된다.

곧 시조는 자유시가 가질 수 없는 시의 세계를 행사하는 문학이므로 자유시의 기준에서 시조를 바라봐서는 안 되고 자유시가 행사하는 형식적 영역을

---

21) 許永鎬, 時調復興에 대한 管見, <新民> 24호(1928. 3.)

22) 김동욱, 時調復興에 對한 考察, <경향신문>(1955. 4. 27.)

시조가 침범하거나 닮으려 해서도 안 된다. 시조는 시조대로의 독자 영역을 확보함으로써 존재 의의가 있는 것인데, 그 독자영역의 하나가 음수통제라는 것이다.23)

시조의 외형적 형식은 음수율로 파악되는 형식미가 아니라 음보율로 파악되는 형식미를 가진 시형태라는 생각이 일반화되자 음보 안에 내재할 수 있는 음절수는 임의적이라는 생각에까지 도달하여 시조의 전통적 형식미를 깨뜨리는 경향이 두드러지게 나타나고 있다.

시조를 음보율로 파악한다고 해도 음수의 통제를 전제하고 있다는 사실을 놓쳐서는 안 된다. 그런데도 현대시조 시인들의 작품 중에는 한 작품 안에 2음절 짜리 음보가 여러 번 등장하는가 하면 9음절짜리 음보가 등장하기도 한다. 이것은 시조의 음보가 3이나 4음절을 기준으로 하고 있고 이렇게 이룩된 음보가 최빈치로서 등장하고 있다는 사실을 위반하고 있는 것이다.

다르게 말하면 정형시는 율독상의 규칙성을 지켜야 하는 것인데 이것을 지키려면 음보안에 내재하는 음절이 골라야만 자연스러운 율독미를 발휘한다는 것이고 그렇게 되어야만 정형시로서의 생명력을 가진다고 할 수 있다.

정형시는 형식의 정형성 때문에 자유시에서 못 느끼는 예술미를 느끼게 한다. 자유시의 형식적 분방성을 닮으려 하다가는 시조로서의 예술미를 손상하게 되고 그 존재 의의도 가지지 못하게 된다.

다시 말해 시조형식의 와해는 시조로서의 논리구조까지를 깨뜨리는 결과가 되고 급기야는 시조라고 할 수 없는 작품세계를 시조라고 우기는 결과가 되고 말 것이다.

---

23) 시조의 외형적 형식은 시조 나름대로의 내면적 정신세계 구축을 유도하는 적극적 장치라 할 수 있다. 시조의 외형적 형식이 시조의 내면적 정신세계 구축에 어떻게 관계되어 있는가 하는 문제는 다음 기회에 논하고자 한다.

Ⅳ. 三章構造의 몰이해

현대시조라 해도 고시조가 가졌던 부분을 가짐으로써 시조라고 하는 문학 형태가 성립된다. 여기에 첫째로 염두에 둘 수 있는 것은 시조를 이루는 통사적 원리인 것이다.

고시조의 각장을 이루는 통사구조는 다음의 네 가지 형태로 이루어지고 있음을 알 수 있다.

1) 주어구+서술어구
2) 전절+후절
3) 위치어+文
4) 목적어구+서술어구

이와 같은 통사구조를 작품을 통해 예시해보기로 한다.

19) ① 仙人橋 나린 물이 / 紫霞洞에 흘너드러
　　　② 半千年 王業이 / 물소리 뿐이로다
　　　③ 아희야 故國興亡을 / 물어 무슴ᄒ리오

　　　　　　　　　　- 朱義植(甁歌 390) -

　　　④ 江湖에 봄이 드니 / 미친 興이 졀노난다
　　　⑤ 濁醪溪邊에 / 錦鱗魚 接酒 ㅣ로다
　　　⑥ 이 몸이 閑暇히옴도 / 亦君恩이샷다

　　　　　　　　　　- 孟思誠(甁歌 55) -

　　　⑦ 大棗볼 불근 골에 / 밤은 어이 쯔드르며
　　　⑧ 베 빈 그르헤 / 게는 어이 느리는고
　　　⑨ 술 익자 쳬장ᄉ 도라가니 / 아니 먹고 어이리

　　　　　　　　　　- 黃喜(詩歌 27) -

　　　　　　　　　※ 번호와 빗금은 필자가 부가하였음.

1)에 해당하는 장은 ① ② ⑥, 2)에 해당하는 장은 ④ ⑨, 3)에 해당하는 장은 ⑤ ⑦ ⑧, 4)에 해당하는 장은 ③이고 빗금친 부분이 경계가 되어 구조상 두 부분으로 나누어지고 있음을 본다. 구조상 두 부분으로 나누어짐은 章의 의미단락이 두 개라는 뜻을 수반한다. 이렇게 고시조에서는 한 장이 두 개의 의미단위로 나누어지고 하나의 의미단위는 2음보로 이룩되고 있다.24)

흔히 시조형식을 말할 때 3장6구라고 하는데 6구란 두 개의 의미마디가 한 장을 이룬다는 것, 즉 2음보가 1구가 되고 있음을 말한다. 그리고 두 개의 의미마디로 구분시키는 네 가지 형태의 통사구조는 의미의 연관성을 분명히 하자 함이고 그리하여 낭독이나 암기에 편리를 도모하자 함이었다. 그러나 더 나아가 생각하면 의미와 의미를 서로 대질리게 하여 앞과 뒤가 유사성으로 맞서거나 상반성으로 맞서도록 하고 있다. 이것이 한 장안에서 일어나기도 또는 장과 장 사이에서 일어나기도 하는데 앞 경우를 유사병렬구조, 뒷 경우를 상반병렬구조라 한다.25)

시조가 律文으로 이룩되었다는 것은 律性을 가져야 한다는 것인데 율성이란 소리결의 부딪힘에서 비롯되기도 하지만 의미와 의미가 대질림에서 비롯되는 유사병렬구조나 상반병렬구조에서 비롯되기도 한다.

고시조는 이와 같이 여섯 개의 의미 마디가 유기적으로 결합되어 한 작품을 이루고 있다.

현대시조의 출발기를 장식한 시조시인들은 고시조의 이같은 속성을 살리려 하였다.

---

24) 종장 첫 음보가 감탄어인 경우는 감탄어 그 자체가 월 전체에 걸린다고 본다. 의미단위로 나누어 구를 설정할 때엔 작품의 균형상 다음에 오는 음보와 결합하여 한 구를 이룬다고 보았다.

25) 임종찬 : 現代時調論(국학자료원, 1992), p. 229.

20) 가만히 오는비가
    락수저서 소리하니

    오마지 안흔이가
    일도업시 기다려져

    열릴듯 다친문으로
    눈이자조 가더라
                    - 최남선 '혼자안저서'[26] -

21) 봄비에 바람 치어
                    실같이 휘날린다
    종일 두고 뿌리어도
                    그칠 줄 모르노네
    묵은 밭 새 옷 입으리니
                    오실 대로 오시라
                    - 주요한 '봄비 1'[27] -

20) 21)은 앞서 말한 네 가지 형태의 통사구조를 지키고 있으며 이것의
가시화를 위해 6구로 표기하고 있다.

그런데 현대시조에서는 이같은 시조문학으로서의 속성을 무시하는 작품들
이 자주 보인다.

22) ① 바람은 / 늘 북창어귀에 걸려있다
                    - 류제하 '바람과 소녀와 하느님' 초장 -
    ② 병이라면 / 어렵고 고통스런 병일밖에
                    - 박시교 '빈 가슴이 둘' 초장 -
    ③ 정말 너무 오래 잊은채 / 지냈구나

---

26) 최남선 : 백팔번뇌(한성도서출판사, 1926), p. 109.
27) 주요한 : 봉사꽃(세계서원, 1930), p. 1.

- 조동화 '별을 보며' 초장 -

④ 어둠은 / 조금씩 상하기 시작했고

- 유재영 '무변기' 초장 -

⑤ 아, / 마지막 강물같은 것이 / 풀리고

- 유재영 '무변기' 중장 -

⑥ 그냥 달려 / 이지러지고 구겨진 삶의 파편

- 김연동 '신발' 중장 -

⑦ 벙어리 우산장수 주름 위로 / 더위가 올 때

- 김경자 '하지기' 중장 -

※ 번호와 빗금은 필자가 부가하였음

앞에서 인용한 「현대시조 28인선」에서 뽑은 예들인데 3장6구라는 의미의 시조형태에서 벗어나 있음을 본다. 이것은 또 한 장을 4음보로 끊어읽기에 어색하도록 만들고 있다. 예를 하나만(⑤) 들어보기로 한다.

ⓐ 아, 마지막 강물같은것이 풀리고
ⓑ 아마지막 강물같은 것이 풀리고

ⓐ로 읽는다면 우리시에 한 음절이 한 음보를 이루는 경우가 없다는 점에서도 어긋나 있지만 1음절도 한 음보 6음절도 한 음보가 한 장안에서 이루어지게 되므로 음수의 편차가 너무 커지게 된다.

ⓑ로 읽어봐도 '것'이라는 불완전명사를 단독으로 음보화하기에는 그야말로 불완전한 것이다. 이같은 우려를 생각해서인지 현대시조 초기시인들의 작품에는 음보를 기준으로 한 다음과 같은 표기가 있었던 것도 유의할 만하다.

23) 수집어 수집어서 다못타는 연분홍이
    부끄려 부끄려서 바위틈에 숨어피다

그나마 남이볼세라 고대지고 말더라
- 이은상 '진달래'[28]

24) 이즐어 여윈저달 밤새껏 갔것마는
반쪽난 몸을끌고 빨리갈수 있었으랴
한낮이 기운하늘에 애처로이 떠있네
- 오신혜 '반달'[29] -

앞의 20)도 그렇지만 23), 24)는 모두 음보식 표기를 하고 있다. 이것은
시조가 음보율에서 이룩되었다는 점을 강조하면서 시조를 낭독할 때의 律讀
을 고려한 표기라고 보여진다.

둘째로 염두에 둘 수 있는 것은 종장의 기능하는 바다.

고시조의 종장은 가) 닫혀진 마감, 나) 열려진 마감으로 작품이 끝나도록
유도하는 구실을 해 왔다.[30] 가)의 경우에는 두 경우가 있는데 ㉠ 종장은
초·중장을 종합하여 여기에다 작중화자의 새로운 정보를 첨가시키는 경우
이고 그 예로 다음과 같은 작품을 들 수 있다.

25) 말업슨 靑山이오 態 업슨 流水ㅣ로다
갑업슨 淸風과 임즈 업슨 明月이로다
이듕에 일 업슨 니몸이 分別업시 늙그리다
- 成渾 (瓶歌 106) -

25)의 종장은 초·중장의 정보에다가 새로운 정보를 첨가하여 종합한 형태
다. 다시 말하면 초·중장의 정보를 종합하여 여기다 다시 작중화자의 의중
(결심)을 첨가시켜서 시조를 마감하였다. 이런 경우는 논리적으로 논의를 끝

---

28) 이은상 : 노산시조집(한성도서, 1932), p. 32.
29) 오신혜 : 望洋亭(대동출판사, 1935), p. 45.
30) 임종찬 : 현대시조론(국학자료원, 1992), p. 181.

맺었다 할 수 있고 그렇기 때문에 더 이상 논의를 연장할 수가 **없어졌다**고 할 수 있다. 여기서 시적 논의를 더 연장한다면 더 큰 논리적 **결론으로 마감되** 어야 하므로 시적 논의는 상당히 길어져야 할 것이다. 곧 3장으로는 가능해지 지 않게 될 것이다.

ⓛ 초·중장은 종장의 예증이 되고 있고 그리하여 종장은 논리적 **결론**으로 시적 마감을 하는 경우다.

> 26) 눈마즈 휘여진 디를 뉘라셔 굽다턴고
>   구블 節이면 눈속의 프를소냐
>   아마도 歲寒孤節은 너 뿐인가 ᄒ노라
> 　　　　　　　　　- 元天錫(甁歌 625) -

26)의 종장은 초·중장의 구체적 사실을 방증으로 삼아서 **하나의 결론**에 도달한 경우다. 이때의 종장은 초·중장의 결론적 해석이라 **하겠고 다르게** 말하면 초장·중장이 종장의 예증이 되어 있다고도 하겠다. 역시 **논리적으로** 마감한 경우가 되므로 더 이상 시적논의가 진행되기 어렵다.

나)의 경우는 시적 논의가 더 진행될 수 있는 여유를 남겨놓은 경우다.

> 27) 오늘은 비 기거냐 삿갓세 훔의 메고
>   뇌잠방 거두치고 큰 논을 다 민後에
>   쇠다가 點心에 濁酒 먹고 식논으로 가리라
> 　　　　　　　　　- 金允錫(甁歌 367) -

27)은 초장의 정보가 중장으로 중장의 정보가 다시 종장으로 **이어져 가면** 서 동작이 계속 진행되고 있다. 곧 끝이 무한정으로 열린 것은 아니지만 어느 정도 열려진 마감의 작품이다. 곧 새로운 일터로 나아갈 수 있는 여유가 남아

있는 셈이다. 이 형태는 시조가 3장이어야 한다는 형식적 강요가 없다면 더 연장해서 시적담화가 계속될 수 있는 형태의 작품이다. 또 고시조에서는 열린 마감이 있긴 하되 아주 희귀한 경우로서 다음과 같이 좀 색다른 경우도 있다.

> 28) 뫼흔 길고길고 물흔 멀고멀고
>   어버이 그린 뜯은 만코만코 하고하고
>   어듸선 외기러기는 울고울고 가ᄂ니
>   - 尹善道(甁歌 73) -

28)은 27)과 좀 다른 형태다. 27)은 초장의 정보가 중장으로 연결되고 이것이 다시 종장으로 연결되어가는 형태, 즉 시적담화가 계속 진행되어 가는 형태로서 각 장과 장 사이에는 연결성(cohesion)이 분명하게 內在하고 있는 것이었다. 그런데 28)은 각장이 독립되어 있어서 한 작품으로서의 유기적 연결이 이루어지고 있지 않는 것이다. 달리 말하면 초장의 정보와 중장의 정보 또 중장의 정보와 종장의 정보 사이에는 연결성이 없어서 이 사이에 많은 설명이 첨가되어야만 서로 유기적으로 연결될 수 있는 의미상의 틈이 크게 있는 작품이다.

이렇게 볼 때, 고시조는 가) 닫혀진 마감과 나) 열려진 마감으로 한 작품을 완성하고 있음을 알 수 있었고, 가)의 경우에는 ㉠ 종장은 초·중장을 종합하여 여기에다 작중화자의 새로운 정보를 첨가시키는 경우 ㉡ 초·중장은 논리적 결론에 해당하는 종장의 예증이 되어 종장으로 하여금 논리적 결론으로 시적마감이 되도록 하는 경우가 있었다. 나)의 경우에는 ① 초장의 정보가 중장으로, 중장의 정보가 다시 종장으로 연결되어 가는 열려진 마감과 ② 각 장은 독립되어 있어서 장과 장 끼리는 연결성이 없기 때문에 유기적 연결을 이루려면 각장 사이에 많은 설명이 첨가되어야만 하는 경우가 있음을

알 수 있었다. 어느 경우든 종장은 시적 논의를 확실하게 마감하느냐 어느
정도까지 열어놓느냐의 차이라 할 수 있다. 그런데 현대시조 중에는 종장이
아주 색다른 기능을 하고 있는 작품이 보인다.

> 29) 열기(熱氣)란 뜨거울수록
>   식기도 쉬운건가?
>   산야(山野)에 작열(灼熱)하던
>   함성(喊聲)은 사라지고
>   쏟았던 불볕 더위가
>   무릎 끓는 길목에는
>
>   참새떼 쪼아 먹던
>   풍요(豊饒)가 걷힌 산야(山野)
>   삶이란 앗기는 것
>   공복(空腹)의 하늘에는
>   흩날린 억새씨 하나
>   어디론지 가고 있다
>   - 김진문 '가을의 길목에서' 첫 수 둘째 수[31] -

29)의 첫수에서는 종장이 마무리 기능을 포기하고 둘째 수의 초장에 직접
연관을 맺고 있다. 이것은 고시조 뿐 아니라 여태의 시조에서는 볼 수 없었던
형태이다. 連作時調라고 함은 각각의 首는 독립적 기능을 가지면서도 전체
적으로 융합하여 한 작품을 이룰 때를 말한다. 그런데 29)의 첫 수와 둘째
수를 떼어 놓고 보면 시조작품 자체가 성립되기 어렵게 되어 있다. 이와 같은
경향은 다음의 작품도 마찬가지다.

---

31) 경남시조문학회편 : 남모를 아픔 딛고 잠깬 날의 주변에는(도서출판 경남, 1993), p. 52.

1

30) 흔해빠진 김해 김씨金海金氏 혹은 밀양 박씨密陽朴氏의
흔해빠진 흔해빠진 흔해빠진 사랑이지만
한 오리 벌려만 놓은 물길 같은 사랑이지만

사랑이사 가을날의 반짝이는 유리잔 속에
몇 개의 충동 혹은 몇 개의 사유思惟를 놓고
한 목숨 빛깔도 환히 홍옥紅玉으로 앉히던 것.

2

그대 살던 순수의 땅은 여기서는 아주 멀다
무작정 평강平岡이 울던 관문關門도 궐문이지만
그 산속 은전의 햇볕도 그냥 너무 멀기만 하다.

- 박기섭 '온달에게' 전문32) -

30)은 첫수, 둘째 수가 결합함으로써 한 수가 되고 있음을 숫자로 표기하고
있다. 그러니까 30)은 외형상으로는 세 수가 한 편이 되고 있는 작품이지만
내용상으로는 두 수가 한 편이 되는 시조인 셈이다. 29), 30)은 여태 수라는
개념과 종장이라는 개념을 달리 해석하고 있는 시인의 의도를 반영하고 있는
작품들인 셈이다.

이와 같이 앞수의 종장이 뒷수의 초장과 직접 연관을 맺는 경우가 있는가
하면 다음과 같이 뒷수와의 연관을 위한 기능어도 아니고 그 자체의 마감을
위한 종장도 아닌 경우도 있다.

31) 끝없는 사막이려니
발목 빠지는 砂丘

---

32) 이우걸·장석주편 : 현대시조 28인선(청하, 1993), p. 55.

무리새 빙빙 돌며
死體를 찾을 무렵

앞서간 발자국 짚어
가늠하는 向方은?
- 이인수 '앞산에서' 일부33) -

32) 앙상히 뼈만 남은
얼푸른 꼭두새벽

그늘진 온데간데
마구 막 퍼지르고

환하게 봄을 타낸다
널어내고 끝내는.
- 조창환 '진달래'34) -

시조에 있어서의 종장이란 장으로서의 끝이라는 의미와 시적 논의를 마감한다는 의미를 동시에 가지는 것인데 31) 32)의 종장은 어떤 구실을 하고 있는가.

앞서 종장은 열려진 마감으로 작품이 끝나도록 유도하는 기능을 할 때가 있다고 했지만 무한정으로의 개방을 의미하지는 않았다. 가령 27)에서 보면 형식적 제약만 없다면 종장 다음에 전개될 수 있는 것은 노동하기 위한 다른 국면이어야 한다. 28)에서 보면 길고 멀고 많고 하고를 느끼게 하는 다른 사물의 동작이 더 계속될 수 있는 것이다. 그러나 31) 32)의 종장 다음에는 어떠한 시적 논의가 와야 한다는 한정이 없어 막막하다.

---

33) 현대시조(현대시조사, 1994년 가을호), p. 52.
34) 시조문학(시조문학사, 1994년 봄호), p. 64.

시조는 어느 시점에서 의미의 집합을 분명하게 이루어냄으로써 시조로서의 독특성을 확보하는 것이었고 이 점이 자유시와의 변별성으로 나타났었는데 이러한 시조로서의 확보된 특징을 부수어 버린다면 시조로서의 존재 이유는 어디에서 찾아야 하는가가 문제된다고 하겠다.

V. 결 론

앞에서 논의한 사실을 요약하면 다음과 같다.

첫째, 이미지의 측면에서 볼 때, 고시조는 비유적 이미지를 한 작품 속에 여러 번 등장시키지 않음으로써 단순한 이미지를 통한 의미의 구체화를 실현시키고자 하였는데, 현대시조는 한 작품 속에 여러 이미지를 동원시킴으로써 의미의 통일된 형상화를 꾀하지 못하는 경우가 많았다. 이 현상은 현대시에서 자주 보이는 것으로 현대시조가 현대 자유시를 닮으려는 作風에 기인한다고 본다.

둘째, 한 음보를 지배하는 음수의 측면에서 볼 때, 고시조는 3이나 4음절이 기준 음절수에 해당하고 여기서 음수가 초과하는 음보(과음수 음보)는 한 작품 안에서 종장 둘째 음보를 제외하고는 한 번 이상인 경우가 거의 없는데 비하여 현대시조에서는 고시조에서보다 더 많은 과음수 음보가 등장하는 경우가 허다하였고, 고시조에서는 볼 수 없었던 9음절을 한 음보로 처리하고 있는 경우도 있었다. 한편 2음절을 한 음보(소음수 음보)로 하는 음보는 고시조에서는 한 작품 안에 한 번 정도 등장하는 경우는 더러 있었는데 현대시조에서는 여러 번 등장하는 경우가 있었다.

어느 경우든 고시조의 형식미에서 보면 원형이 무너진 경우라 하겠다. 시조의 묘미는 律讀에 있다 할 것이고 이것이 결국은 자유시와의 변별성 중의 하나라 하겠는데, 음보와 음보 끼리의 음수 편차가 커지게 되면 음보 그 자체가 성립되지 않는다. 2음절도 한 음보, 이것의 4배보다 많은 9음절도 한 음보라고 하면 음보 개념이 잘못되는 것이다. 그리고 시조로서의 안정된 율박감을 느끼지 못하게 되므로 이같은 현대시조의 방만성은 제고되어야 한다고 본다.

셋째, 장의 구조적 측면에서 볼 때, 고시조는 각 장을 이루고 있는 통사구조가 네 가지 유형, 즉 1) 주어구+서술어구, 2) 전절+후절, 3) 위치어+文, 4) 목적어구+서술어구에 국한하고 있을 뿐 아니라 이 네 유형 모두가 두 개의 의미로 배분될 수 있다는 의미에서 안정된 구조형태를 보여 주었다. 이를 두고 고시조는 3장6구 형식의 시가라 하였는데, 현대시조는 이와 같은 통사구조를 깨뜨리는 작품들이 많아서 고시조의 안정적 기반이 무너지고 있다 하겠다. 곧 3장6구라는 시조형태를 깨뜨리는 작품들이 많다는 것이다.

고시조의 종장은 가) 닫혀진 마감, 나) 열려진 마감으로 끝맺음을 하고 있다. 이것은 시적 논의를 확실하게 마감하느냐 어느 정도까지는 열어 놓고 마감하느냐의 차이에 지나지 않았다. 그런데 현대시조의 종장은 마무리로서의 종장이 아니라 다음 首의 초장과의 연관성을 위한 전제가 되는 경우도 있었고, 논의의 마감을 하지 않음으로써 종장 구실을 못하는 경우도 있었다.

이상의 현대시조가 보여준 여러 현상들은, 현대시조는 고시조의 테두리를 완전히 벗어나야만 현대시조가 이루어지는 것 같은 잘못된 인식 때문에 비롯된 것은 아닌가 한다. 이것은 또한 현대 자유시의 作風을 닮아야 현대시조라 할 수 있다는 잘못된 인식에서 비롯된 것일 수도 있다.

만약 이러한 인식 때문에 위에서 밝힌 여러 현상들이 비롯되었다면 시조의 형식과 구조 자체를 뒤흔들어 놓는 결과가 되므로 시조 아닌 것을 시조라 하는 결과에까지 이를 위험이 충분히 있는 것이다.

시조는 시조만의 속성 때문에 존립 근거가 있는 것이고 이것을 살리는 바탕 위에서 자유시와의 변별성이 유지되는 문학이어야 할 것이다.

자유시를 닮으려 하지 말고 자유시와의 변별성을 강조함으로써 자유시를 우습게 보는 시조만의 세계를 구축하지 않는 한 시조의 존립 근거는 희박하다 하겠다.

현대시조의 정형성 연구
- 정형시의 고유한 멋과 맛을 잃어가는 현대시조 -

Ⅰ. 서　론

시조는 우리 민족이 만들어낸 정형시다. 시조가 정형시라는 사실은 누구나 아는 일이지만 어째서 정형시인가에 대해서는 구체적으로 말한 이가 없어서 막연하게 정형시, 정형시 하였던 것이다. 이 문제가 막연히 남아 있었기 때문에 정형시 아닌 시조가 창작되는 웃지 못할 일이 이곳저곳에서 벌어지고 있으니 작은 일이 아니다. 이 논문에서는 이 점에 대해 알아보기로 한다.

Ⅱ. 소리에 의한 리듬의 규칙화

정형시는 일단 소리에 의해 리듬이 구체화된다. 여기서 소리란 고저·장단·강약을 의미하는데 이것들이 일정 기준의 틀 안에 규칙화됨으로 인해 리듬을 느끼게 되는 시가 바로 정형시이다.

정형시로서의 영시는 강약을 조정하여 강약, 약강, 강약약, 약약강 등의 단위를 이루는데 이를 음보(foot)라 한다. 이것은 한 행 안에 고정적으로 배치됨으로써 이것을 읽을 때 강약의 규칙적 교차에 따른 리듬이 생긴다. 한시(漢詩)의 오언(五言), 칠언(七言)의 절구(絶句)나 율시(律詩)의 경우는 평음과 측음이 놓일 자리가 정해져 있어서 그것 자체가 음의 높낮이를 이루는 악보인 것이다.

시조는 어떤가.

시조가 정형시라면 일단 소리에 의한 리듬이 규칙화되어야 한다. 과연 그런가. 주지하다시피 우리말은 고저·장단·강약이 없는 것이 아니라 영어나 한자처럼 이러한 성조(聲調)를 규칙화할 수 있는 말이 아니다. 그렇기 때문에 영시나 한시에서처럼 성조율이 확연히 드러나지 않는 시다. 우리는 시조도 음보율을 갖고 있음을 알고 있는데, 이때 음보율이란 서양시에서 말하는 음보율과는 다른 의미를 가진다.

먼저 시조의 음보율은 어떤가에 대해 알아보기로 한다.

한 장은 4음보로 되어 있다. 한 장이 4음보로 되어 있다면 일단 네 토막으로 나누어질 수 있는 의미적 단위에 기초하고 있어야 한다는 말이 되겠다. 그러자면 각 음보는 말수가 같거나 골라야만 할 것이다. 음보마다 편차가 커버리면 토막내는 기준이 흔들리고 네 토막을 임의적으로 자르는 결과밖에 되지 않을 것이기 때문이다.

> Ⓐ 泰山이/놉다ᄒ되/하늘아릭/뫼히로다
> Ⓑ 冬至ㅅ둘/기나긴 밤을/한허리를/버혀내여

위에서 보면 음보 안에 놓인 말수가 3이나 4나 5가 되어 있다. Ⓐ든 Ⓑ든 한 장을 이루는 각 음보는 말수가 3이나 4로 또는 5로 고정되어 있지 않음을 알 수 있다. 여기서 알 수 있듯이 시조의 음보는 음수의 고정을 의미하지 않는다는 사실이다. 그러나 한계를 넘지 않음을 본다.

이것은 음악으로 말하면 4/4음표는 각 마디가 ♩가 네 개 들어가고 경우에 따라서는 ♩의 네 개 크기만큼의 ♪를 용납하는 것이 4/4음표라는 사실과 흡사하다. 다시 한 번 말하거니와 시조의 음보를 지배하는 말수는 3이나 4가 압도적이지만 경우에 따라서는 5나 6을 용납하고 있음을 알 수 있다.

그런데 시조를 읽을 때, 성조(聲調)의 규칙화를 이루어내기 어려운 우리말의 특징 때문에 율독자의 취향에 따라 성조를 조금씩 달리해서 율독할 수는 있지만 앞서 말한 박자 개념의 규칙화는 지켜져야만 한다.

성조의 규칙화도 아니고 음수의 고정화도 아니지만 음보와 음보끼리의 등장성(等長性)을 기본으로 하고 있는 것이 우리의 음보개념이라는 말이다. 그런데 가끔 음보의 이 같은 성질을 파괴하는 작품들이 시조라고 등장하고 있다.

> 1) 그대 머리맡에 물 길러 간다.
>   그대 벼랑 끝에 물 길러 간다.
>   밤 가고 부신 새벽녘
>   숯이 되어 남는다.
>   - 박기섭 '물 길러 간다' 일부[1]

> 2) 새벽 시간 한 컵에 천조각을 담구었다.
>   컵 속에서 발그레 일출이 떠오른다.
>   해산의 고통 치르고
>   빛으로 짜여진 비단 100%
>   - 노명순 '희망을 분석한다' 일부[2]

---

[1] 윤금초·이우걸 편 : 다섯 빛깔의 언어풍경(동학사. 1995), p. 25
[2] 한국시조 제7호, 1996년 가을, p. 120

1)에서는 2음절짜리 음보가 네 군데나 들어 있다. 2음절짜리 음보가 용납되지 않는 것이 아니라 이렇게 자주 나타나면 곤란하다는 것이다. 그것은 4음절짜리 음보의 절반에 해당하는 음수가 자주 등장함으로써 전체의 율박에 균형을 깨버리게 된다는 뜻이다. 3이나 4음절이 음보의 기준치이고 이렇게 된 음보가 지배적으로 나타나야만 한다는 말을 잊어서는 안 된다.

2)의 종장은 소리내어 읽었을 때 과연 종장답게 리듬을 느끼게 하는가 하는 문제이다. 음수의 범람이 나타나서 초장, 중장의 고른 음수의 배열과 상치되고 말았다. 100%는 4음절 아니면 5음절로 읽힌다.

다음으로 3장에 대해 알아보기로 한다.

시조가 3장으로 되어 있다는 것은 3행(行)의 시형태라는 말과 다르지 않다. 정형시에서의 행의 의미는 표기상의 멋부리기에 의한 행구분이 아니라 행을 지배하는 의미상의 배분을 뜻한다.

시조의 각 장의 끝은 연결어미나 종결어미가 오는 것이 원칙이다.

> 3) 어버이 사라신 제 셤길 일란 다 ᄒ여라
> 디나간 휘면 애ᄃ라 엇디ᄒ리
> 평싱애 고텨못홀 이리 잇뿐인가 ᄒ노라
>   - 정철(鄭澈) '경민편경술을축본(警民篇庚戌乙丑本)4'

> 4) 가마귀 열두소리 ᄉ람마다 ᄭ지서도
> 그 숫기 밥을 물어 그 어미를 먹이ᄂᆞ니
> 아마도 조중증자(鳥中曾子)는 가마귄가 ᄒ노라
>   - 김수장(金壽長) '청홍(青洪)237'

3)은 각 장이 종결어미로 되어 있고 4)는 초, 중장이 연결어미로, 종장만 종결어미로 되어 있다. 연결어미는 종결어미에 접속사를 더한 형태다. 가령 4)에서 'ᄭ지서도'는 '꾸짖었다. 그래도'로 '먹이ᄂᆞ니'는 '먹인다. 그러니'가

줄어들었다고 하겠다. 시조의 각 장 끝이 연결어미나 종결어미로 되어 있다는 것은 한 의미가 한 장 안에 종결되고 이것이 다음 장과 유기적으로 결합한다는 말이 되겠다. 앞서 말했듯이 각 장을 정형시의 행으로 봐도 무방하다는 말이 이래서 가능한 것이다.

그 다음으로 정형시에는 행을 이루는 통사적 구조가 수반되어 있어야 하는데, 시조는 어떤가에 대해 알아보기로 한다.

고대 헤브라이어시가(정형시)도 중간 휴지에 의해 두 부분으로 나누어졌는데 나누어진 두 부분, 즉 콜라(cola)는 의미론적, 통사론적으로 나누어질 수 있는 자질을 가지고 있었다. 한시(漢詩)에 있어서도 7언절구 같은 것은 4음절+3음절로서 의미결합이 되고 있음을 본다.

시조는 어떤가.

시조는 3장 6구로 되어 있다고 흔히 말한다. 그런데 3장 6구라고 말들은 해왔지만 어째서 3장 6구인지를 말 안 했으므로 이를 밝힐 필요가 있다. 시조의 각 장은 다음과 같은 통사구조로 되어 있음을 알 수 있다.

1) 주어구 + 서술어구
2) 전절 + 후절
3) 위치어 + 文
4) 목적어구 + 서술어구

이와 같은 통사구조로 짜여 있다. 이것을 예로 들어보기로 한다.

5) ① 기러기 우는 밤에/니홀노 줌이 업셔
② 잔등(殘燈) 도도혀고/전전불매(輾轉不寐)ᄒᆞᄂᆞᆫ 츠에
③ 창(窓) 밧괴 굵은비 소리에/더욱 망연(茫然) ᄒᆞ여라
   - 강강월(康江月) '병가(甁歌)548'

6) ④ 낙일(落日)은 서산(西山)에 져셔/동해(東海)로 다시 나고
   ⑤ 추풍(秋風)에 이운 풀은/봄이면 프르거늘
   ⑥ 엇더타 최귀(最貴)흔 人生은/귀불귀(歸不歸)를 ᄒᆞ느니
                          - 이정보(李鼎輔) '병가(瓶歌)418'

7) ⑦ 백설(白雪)이 분분(紛紛)흔 날에/천지(天地)가 다 희거다
   ⑧ 우의(羽衣)를 떨쳐닙고/구당(丘堂)에 올나가니
   ⑨ 어즈버 천상백옥경(天上白玉京)을/밋쳐 본가 ᄒᆞ노라
                          - 임의직(任義直) '원국(源國)380'
                          ※ 번호와 빗금은 필자가 부가하였음

1)은 ④ ⑤ ⑥, 2)는 ① ⑦, 3)은 ③, 4)는 ② ⑧ ⑨라 하겠는데, 여기서 보듯이, 감탄사는 독립어로서 제외시킨다면 빗금을 그은 곳을 경계로 통사적 연결이 이루어지고 있는 것이다.

정형시에 있어서는 시행이 길 경우엔 중간 휴지(caesura)가 오는 법인데 시조에서는 빗금 부분에서 중간휴지가 가능해진다고 하겠다. 이렇게 되면 한 장은 문장성분상 또는 의미의 맥락상 두 부분으로 나누어짐을 의미하게 된다. 이런 이유에서 3장 6구라고 할 수 있는 것이다. 그런데 현대시조는 3장 6구를 지키지 않는 작품들이 자주 보인다.

8) 그대 내 생각의 저 안켠 대숲 그늘 서늘한 한 채 절간이라면
   내 그리움은 글쎄 그 절간 들목 어디 억새꽃 자지러진 산자락쯤 되랴
   그것도 단청(丹靑)이 낡은채 기웃대던 하늘가에
                          - 박기섭 '꽃과 질그릇' 일부3)

8)은 시조 전문지에 발표된 것이니 작자도 편집인도 시조로 인정한 셈이다.

---

3) 開花 5. 1996(이호우 문학기념회), p. 133.

8)은 앞서 밝힌 네 가지 통사구조로 따지기에도 어려울 뿐 아니라 **음보율로** 따지기도 어려운 작품이다. 장시조(사설시조)라고 창작했다 해도 **장시조답지** 가 않다.

Ⅲ. 문자문화로서의 시조

정형시는 소리에 의해 확인되는 규칙적 리듬의 시라고 앞서 밝힌 바 있고 시조 또한 음보를 단위로 한 규칙성이 반복되므로 정형시라고 일렀다. 그러니 까 정형시는 구술성에서 기인한 것이었다는 말이 되겠다.

시조와 구술성과는 어떤 관계를 가지고 있는가.

소리는 문자와 달리 곧 소멸하므로 구술된 언어는 일반적으로 깊은 사고를 표현한다고 볼 수 없다. 그러므로 구술성에 바탕을 두었던 과거 정형시는 사고하는 시가 아니었다. 그것은 문자문화로서의 시와는 달리 분석적이 아니 고 집합적이라든가 인간생활 현장과의 밀착성을 강조하거나 추상성을 떠난 구체성이면서 상황의존적인 것이었다. 이런 현상은 구전 민요 같은 것에 현저 하게 남아 있다.

단시조는 문자화된 텍스트로 또는 구전시가로서 존재하기도 하였다. 그렇 기 때문에 시조 속에 사고를 기억하고 재현할 수 있는 장치를 포함시켜야 했다. 여기에 대표적 예로서 통사적 공식구를 들 수 있다.

```
                      ┌─ 어이리(어이ㅎ리)
  ○아니고 □고 + │   엇졔리(엇지ㅎ리)
                      └─ 엇덧고

  ○□인가 + ㅎ노라(ㅎ여라,  ㅎ도다)

  ○□ 동말(만동) + ㅎ여라 (ㅎ니)

  ○함끠 + □ ㅎ노라(왔노라)
```

○ □가(까) + 호노라
○ □ 무슴 + 호리오
○ □줄이 + 이시랴

　이상 시조에 자주 나오는 몇 가지 공식구를 들어 보았다. 이런 공식구 뿐 아니라 단어의 반복, 모티프(motif)의 반복 등이 시조에는 자주 등장하는데 이것은 기억과 재현을 돕는 장치들이다.

　정형시 또한 이같은 속성을 가지는 것이 보통이다. 그런데 정형시는 구술문화시대의 산물이었지만 시는 문자문화시대의 산물이라는 점에서 차이가 있다. 그런데 시조가 시로서 존재하려는 이 시점에서는 과연 무엇이 문제인가.

　문자문화는 구술문화에서의 구술 즉 청각의 세계를 새로운 감각의 세계인 시각의 세계로 이동시킴으로써 말을 시각적인 공간속에 재구성하였다. 그런데 단순히 구술문화와 문자문화는 청각에서 시각으로의 전환을 의미하지는 않는다. 즉 쓰기와 말하기와의 차이는 의외로 큰 변화를 의미한다는 것이다.

　쓰기는 일단 정신 속의 것을 정신 밖에다 설정하는 행위라는 의미에서는 말하기와 같지만 쓰기는 말하기와는 달리 가공품으로 현존하게 된다는 것이고, 현존이 가능하므로 재생이나 기억을 위한 장치가 불필요하게 된다.

　또한 말하기는 스스로를 변호할 수 있지만 쓰기는 컨텍스트를 떠나서 비현실적, 비자연적인 세계 속에서 수동적으로 이루어지므로 스스로를 변호하기 어렵다. 쓰기는 완전히 인공적이고 의식적인 하나의 기술능력이다. 이것은 의식을 내적으로 변화시키기도 하고 씀으로 해서 인간의 마음이 풍부해지고 정신이 확장되고 내적인 생활밀도가 짙어질 수 있다.

　인간이 정형시에서 벗어나 시를 찾게 된 것도 문자문화를 통한 말의 확장을 누리고자 한 데서 기인한 것이다. 시조도 정형시로서 소리에 갇히기보다는 문자에 의해 해방되고 싶어하는 충동은 다음과 같은 작품에서 살필 수 있다.

9) 산이 웃는다.
　　이 산,
　　저 산,

　　얼굴 환히 산이 웃는다.

　　물이 흐른다.
　　이 골,
　　저 골,

　　소리 높이 물이 흐른다.

　　환희로
　　메아려 오는
　　온 산천의
　　교향악!
　　　　　- 정소파(鄭韶坡) '환희, 널 부른다' 일부4)

10) 새들 떠난 겨울들판에
　　　상처 깊은

　　강
　　　　이
　　　　　흐
　　　　　　르
　　　　　　　고

　　무너지고 싶은 곳에

---

4) 현대시조, 1996년 가을, p. 16.

탑(塔)은 정좌(靜坐)하여

먼산을
무릎 꿇린채
남몰래 열반에 들어
　　　　　　- 민병도 '불이(不二)의 노래 31' 전문5)

9), 10)은 문장부호나 문자배열을 보다 시각화한 작품들이다. 9), 10)에서는
율독을 할 땐 사라져버리는 시각적 효과를 문자를 통해 가시화하였다. 이렇게
시를 귀로 듣느냐 눈으로 읽느냐의 차이는 현저하게 나타날 수밖에 없다.
이것은 앞서 현대시조 1), 2)와 고시조 3), 4), 5), 6), 7)과의 차이를 의미하기
도 한다. 1), 2)는 추상적이고 암시적이라면 3), 4), 5), 6), 7)은 구상적이고
즉각적이라는 점에서 서로 다르다. 1), 2)가 시조는 문자화되었을 때 그 문자
를 읽어서 문자의 의미를 곰곰히 따져 수용하도록 강요하는 측면에 서 있다면
3), 4), 5), 6), 7)은 노래 불러서 부른 노랫말을 듣고 쉽게 이해하고 그것을
바탕으로 정신세계를 강화시키는 측면에 서 있다.

노래 불려져 이것을 듣고 쉽게 노랫말이 접근할 수 있게 하는 정서세계가
고시조였다고 한다면 눈으로 읽고 문자화된 의식을 따져서 감상해야만 하는
정서세계가 현대시조라 하겠다. 이것이 대충 현대시조를 쓰고 있는 시인들의
생각이다. 또 그렇게 해야만 고시조와 다르고 시로서의 시조답다고 생각하는
모양이다. 바로 이 점에 문제가 생긴다.

앞서 누누이 강조하였지만 시조는 정형시라는 측면을 놓치면 안 되고, 정형
시인 바에는 소리에 의한 리듬을 포기해서도 안 된다.

현대시조가 구비전승을 하기 위해 기억과 재현의 장치를 애써 갖출 필요는
없다 하더라도 들어서 리듬을 느끼는 한편 듣는 순간에 이해가 가능해지는

---

5) 한국시조 7호 1996년 가을, p. 40.

작품세계여야만 할 것이다. 이것이 정형시이기 때문이다.

현재가 문자문화시대라 하더라도 그래서 문자에 의해 발표가 된다고 하더라도 작품으로서의 구현은 소리여야 하고 그러자니 떨어져 앉아서 소리만 들어서도 이해가 가능해져야만 하는 것이 정형시라 할 수 있다. 너무 난해한, 추상화된 이념의 표출은 정형시가 걷는 길이 아니다.

다른 시각에서 말하자면 정형시는 정형시를 구축하는 큰 담론이 있어왔다. 고려왕실에서 연희되던 고려속요의 노래내용이 선정적이거나 아니면 지나치리만큼 순정적이었다는 데에서 보다 새로운 세계관으로서의 관념 즉 주자학적 세계관을 통한 정신의 함양과 고무를 획책하였던 것이 고시조가 보여준 작품세계였다. 이것은 집권사대부층의 그들만의 정치적 사회적 이데올로기를 노래로 보편화하였다는 말과도 큰 차이가 없다. 이것은 또한 조선조 사대부 사회 속에서는 보편적 인식으로 받아들여졌던 것이다. 현대시조는 현대 생활인의 정서세계가 나타나면 된다. 그러나 그것이 정형시로서의 시조 속에 용해되려면 문자문화로서의 극단으로 나아가지 말아야 하고 그 정서세계도 한국인의 보편적 정서를 초월해서는 정형시라 할 수 없게 된다.

IV. 결 론

현대시조는 현대사회의 복잡한 구조 속에서 생존해야만 하는 정형시이다. 그렇다면 여기서 시조가 가져야 하는 정신적 기반은 무엇이어야 하는가. 이 문제는 시와의 변별성을 가지지 못하면 문자화시대에 구술문화의 잔재인 시조가 굳이 생존해야 할 이유가 희박하다는 말과도 통하기 때문에 중요한 문제 중의 하나다.

쉽게 간추린다면 시조만의 속성인 소리리듬에 입각한 이해의 범주를 초월하지 않는 것이고, 그러자면 누구나 공감할 수 있는 전통에 기반한 의식에서 멀리 벗어나지 않는 정신구조를 기저로 해야만 할 것이다. 그렇다고 조선조 사대부층의 발상으로 거슬러 올라가자는 말은 아니다. 어떤 시조를 짓는 층(이런 말이 가능하지는 않겠지만)을 대변하는 정서 세계는 아니더라도 한국인이면 누구나 쉽게 공감하는 적층(積層)의 인식세계, 보편적 정서세계에서 벗어나지는 말아야 할 것이다. 이 문제는 차후 지면을 달리 해서 말하겠지만 정형시로서의 담론은 지극히 평범한 집합적이고 전통적이고 보수적이면서 단합적인 정신의 틀에서 기초해왔다는 점을 놓칠 수는 없다. 이러한 측면의 파괴는 정형시가 갖는 담론과 거리가 있다는 것만은 확실하다고 하겠다.

時調表記 樣相 硏究

Ⅰ. 서 론

시조는 3장으로 이루어지고 1장은 4음보로 이루어진 정형시이다. 정형시는 자유시와 달리 시를 낭독하였을 때 소리로서 정형성을 느끼는 시이다. 그러므로 시조가 정형시인 바에는 정형시답게 律讀되었을 때에 비로소 정형시로서의 시조가 탄생되는 셈이다. 그런데 시조는 서구시에서처럼 聲調(pitch)에 의한 음보구성이 아니라, 문장성분상의 적당한 배분에 의하여 음보가 형성되고 이것의 규칙화를 우리는 음보율이라고 한다. 그렇기 때문에 英詩의 경우에는 詩의 표기가 散文처럼 되어 있다고 해도 그것이 정형시라고 한다면 시를 읽음으로써 정확히 소리의 형식화를 이루는 반면, 시조의 경우에는 表記가 散文처럼 되어 있다고 한다면 단번에 정형시로서의 형식화를 이루는 경우가 드물고, 대부분은 몇 번 작품을 읽고 난 연후에야 음보율로서의 형식화가 이루어진다. 대체로 시조가 이러한 성격을 가진 정형시라고 한다면 시조를 어떻게 표기하느냐 하는 문제는 시조의 율독을 통한 형식화(정형시화)

와 상당히 연관되는 문제라 할 수 있다.

이 논문에서는 일단 ① 古時調集에 나타난 표기양상은 어떠하며, ② 현대시조로의 발전을 모색해 온 六堂의 百八煩惱(東光社, 1926)에서부터 趙愛泳의 슬픈 憧憬(서울신문사 1958)까지의 소위 1920년대에서 1950년대까지의 각 시조집에 나타난 표기 양상은 어떠한가를 살펴보고, ③ 마지막으로 최근 1990년대 여러 시조집에 나타난 표기양상을 알아본 뒤, ①, ②, ③을 비교 검토하고자 한다. 이와 같이 ①, ②, ③을 비교, 검토하여 옛날과 지금에 걸쳐 시조에 대한 표기 양상을 알아봄으로써 시조에 대한 律讀上의 견해가 어떠한가를 알아봄과 동시에 시조 표기에 대한 반성을 촉구하고자 하는 것이 이 논문의 주목적이라 하겠다.

Ⅱ. 古時調集에 나타난 表記 樣相

여기서 말하는 고시조집은 唱을 전제로 하거나 율독을 고려해서 만든, 18세기에서 20세기초까지의 필사본 또는 인쇄본으로 간행된 시조집을 말한다. 성격이 이렇다보니 시조집 편찬자는 唱과 연관된 자이며 그 활용 또한 唱者의 편의를 위해 곡조대로 편성되어 있는 것이 대부분이고 간혹 唱을 전수하기 위한 편의까지가 도모된 책자들이다.

그런데 고시조집의 표기 방식은 唱의 방식에 따라 表記를 달리하였는가 하면, 창과는 무관하게 表記한 경우, 창의 대본뿐 아니라 律讀上의 편의를 도모한 表記가 보이는데 그 내용을 살펴보면 다음과 같다.

1. 줄글내리박이식 表記

1) 靑草우거진골에자는다누엇는다紅顔을어듸두고白骨만무첫는이鈺자

바勸 ㅎ리업스니그를슬허하노라.

林悌(靑珍 107)

2) 줄여죽으려ㅎ고首陽山들럿건이혓마고살이를먹으려ㅋ야실야物性이
　곱은줄애돌아펴볼여고큄이라

(周氏本 海東歌謠 274)

1)과 2)는 章과 句의 구분이 없고 세로쓰기 형태로 되어 있고, 앞작품과 뒷작품을 구별하기 위하여 작품의 시작은 줄의 첫머리에서부터 記寫하고 있다.

1), 2)는 18세기에 편찬한 가집이며 편찬자는 唱의 名人으로 활약했던 사람들인데, 여기서 句나 章의 구별이 없다는 것은 이같은 구별 없이도 句와 章을 쉽게 구별할 수 있는 이를 위한 表記, 즉 시조창 또는 가곡창 그 어느 것이나 창할 능력이 겸비된 唱者를 위한 表記라고 보여진다.

2. 三章式 表記

3) 간밤에부든바람만정도화ㄷ지거다.아희는뷔를들고스로랴ㅎ는고야.낙
　화들고지아니랴스러무슴

(南薰太平歌)

4) 노세절머노세늘거지면못노ᄂ니 △花無十日紅이요달도차면긔우ᄂ니
　△人生이一場春夢이라아니놀가

(調 및 詞10)

5) 청셕령지나거다초하구어듸메뇨　　삭풍도참도찰샤구즌비ᄂ무삼일고
　아모나니힝식그려다가님계신듸드리라

孝宗(無雙新舊雜歌 p. 97.)

3)은 시조창을 겨냥해서 3장 구분과 종장 끝음보 'ㅎ리오'를 생략한 채 기사되어 있다. 4)는 창과 창 사이에 △표를 붙여 장 구분을 하고 있는데 3)보다 더 적극적으로 장 구분을 하고 있는 듯이 보이지만 3)은 19세기 후반, 4)는 19세기 전반에 편찬된 가집이므로, 문장부호에 대한 인식이 확실하지 않았던 시기이기에 章의 구분을 위해 문장부호와는 다르게 △표를 붙인 것은 아닌가 한다. 5)는 20세기 초엽에 간행된 활자본이다. 장의 구분을 위해 상당한 간격을 두고 있는 것이 특징이다. 그런데 5)는 작품 첫머리에 '계면초수대엽'이란 가곡창의 곡명이 보이는데, 이렇다고 한다면 가곡창식의 5장식 표기를 하지 않고 시조창식의 3장식 표기를 하였을까.

無雙新舊雜歌의 본문 첫장에 '광무디소리'라는 기록과 함께 본문중에 '박춘지소리', '리형순이쇼리' 등의 기록이 있는 것으로 보아 광무대에서 공연된 작품들이 주축이 되어 만들어진 가집[1]으로 보인다.

박춘지와 리형순은 당대 유명한 唱人으로 짐작되는데 이들 수준이라면 표기가 어떻게 되어 있든 가곡창과 시조창이 자유로웠을 것으로 보인다.

3. 五章式 表記

6) 곳이진ᄃㅎ고ㅇ시드라슬어마라ㅇ바람에혼날니니곳에탓아니로다ㅇ가
   노라ㅇ희짓ᄂ봄을시와무슴ㅎ리오

　　　　　　　　　　　(輿比賦)

7) 三冬에뵈옷닙고　　巖穴에눈비마쟈　　구름낀볏뉘도쬔젹이업건마는
   西山에　　히디다ㅎ니눈물계워ㅎ노라

　　　　　　　　曹植(國樂院本 歌曲源流 5)

―――――――――
1) 愼慶淑, 19세기 歌集의 展開(계명문화사 1994), p. 114.

8) 한숨은바람되고　　눈물은세우되여　　님자는창밧게불면셔뿌리고져
　　날닛고　　깁피든잠을씨와볼가하노라

　　　　　　　　　　　　　　　　　　(가곡보감)

興比賦는 19세기 전반에 편찬된 책2)이고 國樂院本 歌曲源流는 가곡원류
계 가집의 진본으로 인정되는 책인 만큼 朴孝寬(1800~1881)의 생애로 보아
19세기 전반과 후반의 어우름에 편찬된 게 아닌가 한다. 가곡보감은 1928년
평양 기생 권번에서 발행한 활자본이다.

　6), 7), 8)은 五章으로 唱하는 가곡창을 위한 표기 형태이다. 그런데 7),
8)은 장과 장과의 간격을 띄움으로써 장을 구분하고 있지만 6)은 보다 명확한
章구분을 위해 ○표를 붙인 것이 특징이다. 그러나 다음과 같은 五章式 表記
는 6), 7), 8)과 또 다른 일면이 있음을 알 수 있다.

9) 남은,다쟈는밤에. 니어이,홀로써야. 玉帳 깁푼곳에,쟈는님싱각
　　는고. 千里에. 외로운쑴만,오락가락ᄒ노라

　　　　　　　　　　　　　　(奎章閣本 歌曲源流 357)

10) 梅花,녯등걸에. 봄節이,돌아온다. 녯퓌던柯枝마다,피염즉도ᄒ
　　다마는. 春雪이. 亂紛紛ᄒ니,필똥말똥ᄒ여라

　　　　　　　　　　　　　　(奎章閣本 歌曲源流 361)

11) 秋江에,밤이드니　,물결이,ᄎ노미라　,낙시드리오니,고기아니무
　　노미라　,無心ᄒ　,달빛만싯고,뷘비도라오노라

　　　　　　　　　　　　　　月山大君(協律大成 119)

　9), 10), 11)도 역시 가곡창을 겨냥한 五章式 표기로써 장구분을 하고 있음

────────────────

2) 같은책, p. 63.

을 알겠다. 그런데 장이 끝나는 자리에는 마침표를 부가하고 또 간격을 확실히 유지하였는데, 章 안에 쉼표를 부가한 것이 이색적이다. 이 쉼표는 무슨 기능을 하는 것일까. 이것은 음악상의 휴지를 의미하지는 않는 것 같고 아무래도 암송을 위한 편의, 또는 가창 지도상의 편의를 위한 표시로밖에 볼 수 없겠다. 이런 식의 율독이 정형율을 나타내지는 않지만 율독과 무관한 표기라고 단정하기는 어려운 것 같다.

4. 六切式 表記

12) 시벽셔리지신달에   외기러기우러인다   반가운님   의소식
    힝여온가발앗쩌니   다만지   창망한구름박게부인소식쑨이로다
(가곡보감, p. 6.)

13) 창오삼경세우시의   양인심사양인지라   심정이미홉한더
    날이장차발가온다   다시금   나삼을부여잡고후씨약을뭇더라
(가곡보감, p. 6.)

14) 츄강의밤이드니   물결이자녀미라   낙시을드리오니   고기
    아니무녀미라   무심한달빗만싯고   빈비져어오드라
(가곡보감, p. 7.)

15) 한손에막디를들고,쏘한손에가싀롤줘여,늙눈길가싀로막고,
    오눈빅발을미로티렷더니,빅발이졔몬져알고,즈럼길로오도다
(女唱歌要錄, 135)

歌曲寶鑑은 1928년 平壤箕城卷番發行의 활자본 가집인데, 편집 겸 발행자는 金龜禧이다. 가곡보감은 책명이 그러하듯이 歌曲을 唱하기 위해 만들

어진 歌集이다. 그런데 五章式 表記를 하지 않고 6切로 표기되어 있고 그 表記도 12), 13)은 같지만 14)는 다르다.

女唱歌要錄은 歌曲源流系 各本에 本文附錄으로 女唱이 合卷되어 있는데, 이것을 분리한 책이며 19세기 후반에 편찬된 책이다.[3] 그렇다면 이것 역시 가곡을 위한 歌集인데도 15)는 가곡상의 표기를 하지 않고 6切로 나누고 있다. 뒤에 다시 거론되겠지만 19세기 후반에 들면서 唱도 하려니와 律讀을 위한 시도로 또는 시조를 암송하기 위한 적당한 의미 단락에서 또는 호흡 조절 상의 위치에서 끊어 읽도록 시조 작품을 여러 형태로 表記하고 있다.

14), 15)는 현대시조시인들간에 흔하게 나타나는 소위 6句式 表記 형태인데, 당시의 시조관심자들이 시조가 3장 6구라는 것을 인식하고 있었다는 한 증거가 되지 않을까 한다.

  5. 七切式 表記

    16) ᄆᆞᆷ아너ᄂᆞᆫ어니, 미양에졀머ᄂᆞᆫ다 내늘글졔면, 넨들아니늙글소냐
       아마도 너조쳐ᄃᆞ니다가, 남우일가ᄒᆞ노라
                                                (大東風雅 32)

    17) 공명이그무엇고, 부귀도불관ᄒᆞ다 단갈쵸식이, 나의분에족ᄒᆞ거니
       아마도 셩셰일민은, 나쑨인가ᄒᆞ노라
                                                (大東風雅 33)

    18) 사람이죽어지면 어듸메로보ᄂᆞᆫ고 져싱도이싱ᄀᆞᆺ치
       님흔테로보ᄂᆞᆫ가 진실노 그러홀짝시면 이제죽어가리라
                                                (大東風雅 138)

---

3) 沈載完 : 時調의 文獻的 硏究(世宗文化社, 1972), pp. 61~62.

19) 십년을경영ᄒ야　　초려ᄒᆞ간지어너니　　반간은쳥풍이요
　　　반간은명월이라　　강산은　　드릴ᄃᆡ업스니　　둘러두고보리라
(大東風雅 144)

20) 금노에향진ᄒ고　　누셩이잔하도록　　어ᄃᆡ가잇셔　　뉘사랑고
　　　이다가　　월명이　　상난간ᄒ여　　믹바드러왓노니
(가곡보감 p. 2.)

大東風雅는 1908년 金喬軒이 편집한 활자본이며 시조가 끝난 다음에 歌辭 5編이 붙어 있고, 本文에는 曲調에 대한 분류를 하고 있는 것으로 보아 역시 창의 교본으로 활용되었던 듯하다.

같은 책이지만 16), 17)에서는 적당한 위치에 쉼표가 찍혀 있고, 18), 19)에서는 16), 17)에 해당하는 위치에 쉼표를 부가하지 않았다. 20)은 大東風雅보다 조금 뒤에 간행되었는데 大東風雅식으로 구분되어 있지만 쉼표를 부가하지 않고 있다.

이상의 표기들은 唱을 전제로 하지 않은 표기들인데, 六切式 表記에서 종장 첫음보를 떼어 낸 형태이다. 이것들 역시 율독과 유관한 표기가 아닌가 한다.

6. 九切式 表記

21) 쳥됴야　　오도고야　　반갑다　　님에소식　　약수삼쳘니를
　　　네어이건너완노　　우리님　　만단졍회를　　네알니라
(歌曲寶鑑 p. 2.)

가곡보감에서는 여러 가지 다양한 표기 양식이 등장하고 있는데 21)에서 보듯이 九切式 表記도 보이고 있다. 종장 끝음보가 생략되어 있는 것이 특징

이다. 이 표기도 창과는 무관한 표기이고 시조의 律讀과 연관되어 있다고
보여진다.

7. 12切式 表記

22) 기력이,산이로잡아,정드리고,길드러셔,님의집,가는길을,
    넉넉히,가룻쳐두고,밤즁만,님싱각날졔면,소식젼켸,하리라
    (女唱歌要錄 58)

23) 요지에,봄이드니,벽도화ㅣ,다퓌거다,슴쳔년,믹친열믹,옥반에,
    담아시니,진실로,이반곳바드시면,만슈무강,하오리라
    (女唱歌要錄 70)

女唱歌要錄이 歌曲源流系 各本의 附錄에 女唱이 合卷된 것을 따로 떼어
分冊된 것이라면 歌曲唱式의 五章 表記가 마땅한 것인데도 이것과는 상당
히 다른 12切 表記를 하고 있는 것에 주목하지 않을 수 없다.

이 表記는 現代時調詩人들 간에 흔히 보이는 1장 4음보의 총 12음보를
음보별로 표기하고 있는 형태와 유사하다.

22), 23)은 오늘날 소위 音步란 말이 쓰이기 전에 音步에 대한 개념이
이미 존재해 있었음을 증명한다고 보여진다. 다시 말해 시조는 정격의 시로
보아 1장 4음보 도합 12음보로 이룩된 시가이면서 이것을 12음보로 율독하
기를 강요하는 표기라 할 수 있다.

이상 고시조집에 표기된 여러 형태에 대해 잠깐 살펴보니, 첫째, 唱이나
律讀을 위한 表記가 아닌 시조 작품의 전달만을 목적으로 하는 표기가 있었
다. 이것은 唱의 종류에 따라 창자가 시조를 임의 대로 창할 수 있도록 하고,

창이 아닌 律讀을 할 경우라 해도 율독자의 재량에 맡겨 놓은 표기라 하겠다.

둘째, 시조창 또는 가곡창을 겨냥한 표기 형태가 있었고, 개중에는 창을 겨냥한 표기 안에 律讀할 경우를 생각하여 부호를 삽입한 경우가 있었다.

셋째, 창과는 상관되지 않는 여러 형태의 표기가 있었는데, 이것은 律讀上의 편의를 도모한 것인지 아니면 교본으로서 창을 지도할 적에 지도상의 편의를 위한 표기인지 또는 이 두 경우 모두를 포함하기 위한 표기인지는 알 수 없으나 끊어놓은 자리는 소위 句의 자리이거나 또는 음보의 자리에 해당하여 의미상 분별되는 자리임을 나타내고 있다.

넷째, 소위 시조를 3장 6구 12음보라 할 때, 구의 기능을 살려 6切, 또 음보의 기능을 살려 12切로 된 表記가 등장하고 있다. 이와 같은 표기는 시조 작품의 구조상의 이치를 따라 律讀하기를 강요하는 表記라고 보여진다.

Ⅲ. 현대시조의 표기 양상

흔히 고시조는 唱을 위한 唱詞로서 존재하였다면 현대시조는 唱과는 무관한 시를 말한다. 그러나 이러한 견해에는 상당한 문제점이 있다고 하겠다.

먼저 고시조가 唱을 위한 唱詞로서의 존재가치를 발휘하였지만 唱이 아닌 律讀하기 위한 문학으로서도 기능하였다는 점에서 보면 고시조 곧 唱詞이라는 등식이 부적절하다는 것이다.

다음으로 현대시조는 唱과 무관하다는 논리 역시 문제이다. 이 점에 대해 林仙默 교수는 다음과 같이 주장하였다.

> 時調는 音樂이면서 文學이었다. 朝鮮時調는 음악이었고, 近代時調는 문학이라는, 곧 '음악에서 문학으로'라는 계기적 관점은 전적으로 잘못된 판단이다. 물론 朝鮮時調는 그 중심이 唱이라는 음악적 전달 형식에 있었기 때문에 문학적 국면이 얼마간 제약을 받은 것은 사실이다. 그러나, 朝鮮

時調가 唱法에 의해서만 전달된 것이 아니었고 口吟·口占·詩唱에 의해
서 실현되기도 했듯이, 오늘날에도 시조는 문학으로서만 존재하는 것이 아
니라 그 唱的 屬性은 여전히 존속되고 있는 것이다. 다만 그 영역이 축소되
었을 뿐이다.[4]

　시조의 형식 자체가 창과의 연관에서 비롯되었기 때문에 현대시조가 시조
의 속성을 포기하지 않는 한은 창과 연관될 수밖에 없는 것이다. 다만 현대시
조를 唱으로 불렀을 때, 창으로 바뀐 해당 시조가 음악적 간섭을 물리치고
이해될 수 있는 언어구조이냐 아니냐가 문제될 수 있다. 난해한 표현, 구술로
서는 이해하기 어려운 언어 같은 것은 문자화를 통하는 수밖에 없다.[5] 그러나
이런 경우는 드물고 현대인들이 唱法을 터득하지 못해서 현대시조를 창하지
못하는 경우가 대부분이라고 보여진다.

　또한 현대시조를 시조창으로 唱할 경우는 문제가 또 있다. 고시조에 있어서
는 종장 끝음보가 '흐다용언'으로 끝이 나는 경우가 많다. 이 경우 시조창에서
는 끝음보를 창하지 않는데, 唱하지 않아도 흐다 용언으로 끝난 경우는 재생
이 가능해진다. 고시조 중에는 흐다 용언으로 끝나지 않는 경우도 있지만
이 경우도 재생가능한 말이 종장 끝음보에 놓여 있다. 그러나 현대시조에서는
재생불가능한 말이 끝음보에 오는 경우가 대부분이다. 이렇다면 시조창과의
조화는 깨진다 하겠지만 창을 끝내고 끝음보는 그냥 말하듯이 들려줘도 창으
로서는 훌륭한 일 아니겠는가. 끝음보로 인해 현대시조를 창할 수 없다는
말은 가능하지 않다고 본다.

---

4) 林仙默 : 近代時調集의 樣相(檀國大出版部, 1983), p. 4.
5) 사실 이러한 표현과 언어 그 자체가 정형시에서는 소용없어야 한다. 정형시는 문자로 쓰여졌
　다 해도 읊조려서 소리가 정형으로 울림되는 시이다. 즉 들어서 정형을 느껴야 한다. 그렇기
　때문에 정형시의 언어는 자유시의 언어와 달라야 한다. 현대시조시인들은 이점에 대해 고민해
　야 한다고 본다.

　　그러나 역시 현대시조는 唱이 목적이 되지는 않고 律讀이 대종을 이루는 정형시이다. 정형시는 소리로서 정형율을 만드는 시다. 그러므로 문자화되어 있다 해도 이것을 소리내어 읽어서 정형율을 느낄 때 정형시가 탄생되는 것이지 문자로서의 기록만으로는 정형시가 탄생되지 않는다. 이럴 때 정형시는 정형시답게 읽도록 표기 방식이 자유시와 달라야 함은 물론이다. 표기 방식이 자유시답게 표기되어 있어도 시조답게 읽어내어야 한다. 정형시(시조)답게 정형율을 가시화한 표기는 이것을 처음 대하는 사람에게도 정형시임을 알아차리게 하지만 정형율을 고수하지 않는 표기는 정형시에 익숙한 사람조차도 한동안 어리둥절하게 만든다. 특히 정형시에 서투른 사람들은 정형시로 감지하는 데 시간이 지연될 수밖에 없다. 일찍이 이병기님이 詩읽기에 대해 다음과 같이 밝힌 바 있다.

　　　　詩는 짓기도 쓰기도 잘 하려니와 또한 읽기도 잘 하여야 한다. 비록 짓기
　　　는 잘하였더라도 읽기를 잘못하면 그 맛이 아니 나고, 짓기는 잘 못하였더
　　　라도 읽기를 잘하면 딴 맛이 생기기도 한다.6)

　　특히 정형시인 시조 경우엔 읽기를 정형율로 읽지 않으면 시조가 되지 않는다.7)

　　현대시조의 출발점에 서 있던 시조시인들은 唱 대신 律讀이어야 한다는 점에 확신을 가지고 있었던 모양이다. 이 흔적을 이들이 남긴 表記들을 통해 알아보기로 한다.

---

6) 李秉岐 : 가람文選(新丘文化社, 1966), p. 331.

7) 聲調(pitch)에 의해 음보율을 나타내는 영시의 경우는 성조 그 자체가 음보율을 강제하지만 우리 시에 있어서의 음보는 음보율 그 자체가 영시에 비해 불안정하다. 그렇기 때문에 시조읽기 그 자체가 시조의 생명과 연관된다. 이 점도 현대시조 시인들이 고민해야 할 숙제라고 하겠다.

1. 音步式 表記

① 2행 1연 6행식 표기(3연식)

1) 위하고 위한구슬   [위] 끔찍하게 거둠, 愛護 ○
   싸고다시 싸노매라,
   째뭇고 니빠짐을   [니빠짐] 이즈러저떨어짐, 缺落 ○
   님은아니 탓하셔도,   [탓] 홈잡음, 허물함 ○
   바칠제 성하옵도록   [바치] 들임, 獻上 ○
   나는애써 가왜라.

                      - 최남선, '궁거워' 일부8) -

육당의 '백팔번뇌'에서는 모두 음보식으로 또 2행을 1연으로 한 6행식 표기로 일관하고 있다. 특기할 일은 초장 중장의 끝엔 그것이 설사 종결어미로 끝맺었다 해도 쉼표를 찍었고 종장은 모두 종결어미로 되어 있으며 마침표를 찍었다. 이것은 작품을 낭독할 때 장이 끝나는 자리에서 쉬고 그 쉼도 초·중장은 종장의 쉼에 비해 짧아야 함을 보여주고 있는 것 같다.

각 장을 2행으로 나눈 것은 소위 시조가 3장 6구라는 측면에서 구를 한 행으로 표기하였다고 보여진다.

② 1장 1행 단연식 표기

2) 成佛寺 깊은밤에 그윽한 풍경소리
   主僧은 잠이들고 客이홀로 듣는구나
   저손아 마자잠들어 혼자울게 하여라

---

8) 崔南善 : 百八煩惱(東光社, 1926), p. 3.

댕그렁 울릴제면 더울릴까 맘졸이고
끊인젠 또들리라 소리나기 기다려저
새도록 풍경소리더리고 잠못일위 하노라

— 이은상, '成佛寺' 전문[9] —

3) 줄줄 나리는비 그무엇 반갑길내
　잠자는 저杜鵑 뚜다려 깨는고야
　뜰아래 梅花피랴니 그를알녀 줍니다
　비오고 바람부니 꽃몽오리 흔들니네
　단단이 붙었으니 떨어질줄 있으랴만
　붉은꽃 곻은향기 더듸날가 합니다

— 金禧圭, '早春' 전문[10] —

4) 머리를 땅에닿게 허리굽힌 수양버들
　謙遜한 어느분의 아름다운 넋이드뇨
　저절로 남을높이여 몸굽히고 싶노라

— 오신혜, '수양버들' 일부[11] —

5) 疊疊헌 뭉게그늘, 虎帳느려 논듯해라○
　林風이 뒤집히니, 햇덩어리 움지긴다○
　大祚榮 잇든거긔야, 예와엇더 허드냐○

— 安自山, '駐시단가(露地)' 전문[12] —

6) 한겨울 깊은꿈을 깨어보니 봄이로다
　꿈속에 그리던것 눈앞에 버러졌네

9) 이은상 : 鷺山時調集(漢城圖書株, 1932), p. 17.
10) 金禧圭 : 님의 心琴(한성도서주식회사, 1935), p. 12.
11) 오신혜 : 望洋亭(朝光社, 1940), p. 3.
12) 安自山 : 時調詩學(朝光社, 1940), p. 131.

　　　　새노래 나비춤얼려 꽃잎덩싯 웃노나
　　　　　　　　　　　- 이희승, '봄' 전문[13] -

　이렇게 현대시조를 위한 개척기에 기여했던 시인들은 음보식 표기를 하였
고 장의 구별을 분명히 하기 위해 육당처럼 한 장을 한 聯으로 3장 3연식으로
하거나 2), 3), 4), 5), 6)에서처럼 1장 1행으로 장의 구분을 분명히 하려고
했다. 특히 5)는 1)에서와 마찬가지로 시조가 3장 6구라는 측면을 살려 句의
자리가 드러나도록 한 행으로 처리하거나 쉼표를 찍은 것도 유의해서 볼
필요가 있다. 이상의 음보식의 표기는 이렇게 여러 시인들이 시도하였던 것인
데 음보를 분명히 하여 음보율로서의 시조를 율독하기를 강제하기 위한 표기,
구와 장을 분명히해서 율독하기를 권하는 표기 양식이다.
　시조가 1장 4음보 총 12음보란 말은, 음보를 한 단위로 하여 음보끼리는
단위로 끊어 읽어야 함을 의미한다. 그래야만 시조의 정형율이 생긴다는 것이
음보에 대한 개념인데 이를 지키기를 강요하는 표기들이 바로 음보식 표기이
다. 음보식 표기는 음보율을 보다 명확히 가시화해 놓음으로써 독자에게 律讀
上의 편의를 도모해 주고 있다고 하겠다.

　2. 非音步式 表記

① 1장 2행 단연식 表記

　　　7) 봄비에 바람 치어
　　　　　　　　　실 같이 휘날린다
　　　　종일 두고 뿌리어도

---

13) 이희승 : 박꽃(白楊堂, 1947), p. 117.

그칠 줄 모르노네
묵은 밭 새 옷 입으리니
오실 대로 오시라
          - 주요한, '봄비 1' 전문[14] -

8) 빛갈도 좋지마는
   향기는 더 좋으니
   새벽 붉은 해
   장미의향기리니
      빙긋이 웃는 입설은
      새벽향기 나더라
          - 주요한, '새곡조4' 전문[15] -

　7), 8)은 1장을 2행으로 구분하였고 연으로서 장과 장을 구별짓지는 않았지만 초·중·종장을 시각적으로 구별되도록 표기하였다. 9)도 1장을 2행으로 구별하였다. 이때의 행은 시조의 句에 해당한다. 9)는 句가 연이 되도록 표기한 형태인 것이다.

9) 비비한 뉘우침에
   天地가 고개 숙여

   이 한밤 하염없이
   드리우는 그의 눈물

   悔恨은 거룩한 臨界일레
   가지마다 트는 움!
          - 이영도, '봄비' 전문[16] -

---

14) 주요한 : 봉사꽃(世界書院, 1935), p. 2.
15) 같은 책, p. 3.

10) 노랑 장다리 밭에
    나비 호호 날고

    초록 보리 밭 골에
    바람 흘러 가고

    紫雲英 붉은 논뚝에
    목메기는 우는고
                  - 정훈, '春日' 전문17) -

　육당이 百八煩惱에서 보여줬던 1장 2행 3연식 표기를 그대로 보여주고
있지만 9), 10)에서는 비음보식 표기를 하고 있음이 다를 뿐이다.
　이렇게 음보화되어 있는 곳을 비음보화로 표기함으로써 독자들이 음보화
하는데 시간을 지연시키고 해당시에 대한 긴장을 강화시키는 효과가 있다.

② 1장 2연식 表記

11) 보스슬 버들개지
    우단이냥 부드럽다
    春 三月 陽氣받어
    한편가리 봄이건만
    시들어 마른 가지는
    잠깰줄을 모르나다
                  - 최성연 '봄이건만' 전문18) -

---

16) 이영도 : 靑苧集(文藝社, 1954), p. 17.
17) 정훈 : 碧梧桐(學友社, 1955), p. 15.
18) 최성연 : 銀魚(서울신문사, 1955), p. 37.

11)은 1장 2구의 句를 한 연으로 표기한 형태이다.

③ 1장 3행 3연식 表記

> 12) 海門에 陳을 치듯
> 큰 돛대
> 작은 돛대
> 뻘건 아침 볕을
> 떠받으며
> 떠나간다.
>
> 지난밤
> 모진 비바람
> 죄들 잊어 버린듯.
>   - 曺雲, '出帆' 전문19) -

曺雲은 여러 각도로 현대시조의 표기를 시도한 시인이다. 12)에서는 초·중·종장을 연으로 각 연은 3행으로 처리하고 있다. 장의 구별을 분명히 하였다는 의미에서 시조읽기에서 벗어나지 말 것을 강요하는 한편 각 장을 3분절함으로써 3분절을 4음보로 환원시키도록 하는 표기라고 하겠다.

④ 1장 1행 단연식 표기

> 13) 고개 고개 넘어 호젓은 하다마는
> 풀섶 바위서리 밝안 딸기 패랭이꽃
> 가다가 닦어도 보며 휘휘한줄 모르겠다

---

19) 曺雲 : 曺雲時調集(朝鮮社, 1947), p. 35.

- 이병기, '大聖庵' 일부[20] -

14) 눈을 가만 감으면 구비 잦은 풀밭길이
　　개울물 돌돌돌 길섶으로 흘러가고
　　白楊숲 사립을 가린 초집들도 보이구요
　　　　　　　- 김상옥, '思鄕' 일부[21] -

　13), 14)는 앞의 2), 3), 4), 5), 6)에서처럼 각 장을 한 행으로 표기하였는데 비음보식으로 표기한 점이 앞에서와 다르다.

　⑤ 1장 3연 혼합식 표기

15) 뺨에는 이슬이오
　　가지에는 꽃이로다

　　곱게 쌓여노니 미인의 살결일다

　　비단이 밟히는양 하여
　　소리조차 희고나
　　　　　　- 김상옥, '눈'[22] 전문 -

16) 窓을 열뜨리니
　　와락 달려 들을듯이
　　萬丈 草綠이
　　뭉게뭉게 피어나고

20) 이병기 : 嘉藍時調集(白楊堂, 1939), p. 5.
21) 김상옥 : 草笛(水鄕書幹, 1947), p. 5.
22) 曹雲 : 앞과 같음, p. 29.

꾀꼬리

부르며

따르며

새이새이 걷는다.

- 曺雲, '佛甲寺 - 光堂' 전문23) -

15)은 초장을 2행으로, 중장을 1행으로, 종장을 2행으로 표기하였으므로 1장 3행식 1장 2행식 표기를 혼합한 형태라 할 수 있다. 16)은 초장 2행, 중장 2행, 종장 4행으로 종장에서만 파격적으로 4행으로 처리하여 변화를 보이고 있다. 어느 경우든 음보를 살리면서 변화있게 표기하고 있다.

⑥ 음보를 살린 자유형

17) 내 오늘

구름 보니 고향이

그립고나

황금 파도 들 복판에

맑은 시내 흘러 가고

목화는

구름과 같이

뭉실뭉실 피는 곳

뒤뜰엔

봄이 오면

배나무꽃 만발하여

백설인가 놀라 보면

여름 하늘 구름 같고

23) 같은 책, p. 33.

뒷산의 꾀꼴새 맞아
구십 춘광 즐겼지
　　　 - 趙愛泳, '망향가' 일부24) -

　17)에서는 章의 구별이 없고 다만 첫首 둘째首와의 구별만 짓고 있어서 詩行만으로 보면 3장 6구 형식의 시조라고 보기 어렵게 되어 있다.

　1), 2), 3), 4), 5), 6)은 아예 음보를 이탈한 율독을 경계하여 음보식으로 표기하였고, 장과 장의 간격을 위해 행으로 연으로 구별짓고 있음을 보았다. 또 7), 8), 9), 10)에서처럼 음보식으로는 모아 쓴 표기가 되어 있지는 않지만, 음보화하는 데에 다소 시간이 지연될 뿐 시조의 3장 6구 12음보 형식을 손상 없이 표기하였다. 그러나 17)에서는 이러한 선배들의 율독을 고려한 표기 양식을 거부하고 자유시의 표기형식으로 표기한 것이다. 그러나 17)을 뜯어 보면 장의 구별이 분명하지 않아 17)을 처음 읽는 이에게는 당황하게 될지 몰라도 결국 아래와 같은 표기를 장 구별하지 않았을 뿐이다.

내 오늘
구름 보니 고향이
그립고나

황금 파도 들 복판에
맑은 시내 흘러 가고

목화는
구름과 같이
뭉실뭉실 피는 곳

---

24) 趙愛泳 : 『슬픈 憧憬』(서울신문사, 1958), p. 31.

> 뒤뜰에
> 봄이 오면
> 배나무꽃 만발하여
>
> 백설인가 놀라 보면
> 여름 하늘 구름 같고
>
> 뒷산의
> 꾀꼴새 맞아
> 구십 춘광 즐겼지

이렇게 보면 초장을 3행, 중장 2행, 종장 3행을 장 구별없이 표기하다 보니 자유시로 연상되게 해 놓았다. 물론 17)은 당시의 사정으로 보면 시조답지 않은 表記이다. 오늘날의 관점에서도 장구별 句구별 음보구별이 불명확한 17) 같은 표기는 시조 작품의 표기 면에서는 경계되어야 할 것이다.

여태 육당의 『百八煩惱(1926年刊)』에서 趙愛泳의 『슬픈 憧憬』(1958年刊)에 이르기까지의 다양한 시조 표기 양상들을 살펴보았다. 대체로 이 시기의 시조 표기는 장이나 句를 한 행으로 처리하거나 또는 음보의 단위를 한 행으로 처리하고 있음을 알았다. 또 『슬픈 憧憬』을 제하고는 모두 3장 구분을 분명히 하고 있음을 알았다.

3장 구분을 분명히 한다는 말은 시조에 있어서의 章 개념이 자유시에 있어서의 行 개념과 다르다는 점을 인식하고 있다는 말이다.

시조를 흔히 三行詩라고 하고 시집 이름도 三行詩25)라 하기도 하였다. 그러나 章과 行은 서로 다른 기능의 말이다. 詩行은 리듬상의 단위이며 통사적 의미 단위와 차이가 있는 발화분절(Redesegment)이다. 詩行은 문장구성

---

25) 金相沃 시인은 그의 시조집을 三行詩(亞學房 1973)이라 이름하였다.

원리를 파괴하여 운율에 의한 언어적 기능이 새롭게 탄생하도록 하는 장치이
기도 하다. 그러나 시조의 章은 의미 단위26)이다. 이것들이 유기적으로 결합
함으로써27) 시조 한편이 이룩되기 때문에 章을 行과 맞바꾸어 쓸 수 없다는
말이다.

IV. 90年代 時調表記 樣相

1. 音步式 表記

　　1)　한지(韓紙)로 문을바르며
　　　　국화꽃을 붙여본다

　　　　한짝문엔 댓잎도붙여
　　　　상청(常青)봄을 살게하고

　　　　나머지 여백(餘白)의자리엔
　　　　달실리게 하리라.
　　　　　　- 임종찬, '문을 바르며' 일부28) -

　필자의 작품이다. 필자는 육당의 1장 2행 1연 6행식 그리고 음보식 표기를
따른 것이고 이런식의 표기를 계속하였다.29) 시조시인 혹은 독자들이 시조를
시조답게 음보를 살려 읽으려 들지 않고 시조의 형식을 무너뜨리려는 경향이
있어 이런 표기를 한 것이다. 임선묵교수는 육당의 '百八煩惱'에 나타난 表

---

26) 임종찬 : 시조의 三章구조 연구(時調學論叢 14집, 韓國時調學會, 1999) 참조.
27) 임종찬 : 고시조의 본질(國學資料院, 1993), pp.17~36 참조.
28) 임종찬 : 대숲에 사는 바람(우리문학사 1994), p. 11.
29) 이런 식의 표기를 필자의 제5시집 『고향에 내리는 눈』(세종출판사, 1999)에서도 고집했다.

記法을 두고 이렇게 말한 적이 있다.

> 한 章을 2行으로 가르고, 한 수를 6행으로 기사화함으로써 더욱 단조롭
> 고 기계적이며 피상적인 정확성을 드러내고 있다. 이에 따라 詩行의 단위
> 로는 성립하기 어려운 행간이 산견되는 바이다. 6행으로 했던 데에는 다른
> 의도보다도 인쇄율을 감안했던 것이 아니었던가 추측되기도 한다.[30]

　자유시의 안목에서보면 한 장이 2행이지만 시조 구조의 측면에서 보면
2행이 아닌 2句가 된다. 한 수를 6행으로 記寫化한 것이 단조롭고 기계적이
며 피상적인 정확성이라 할 수 있을지 모르지만 육당이 생각한 것은 인쇄물을
감안했다기보다 율독의 측면에서 3장 6구를 살리는 율독을 강조한 것이다.
章이 끝나는 자리엔 쉼표, 한 수가 끝나는 자리엔 마침표를 붙인 것까지도
율독상의 표기인 것이지 문장부호로 활용하자 함이 아니었다. 또 句를 행으
로 표기한 것은 두 가지 이유에서였다고 보여진다.

　첫째, 句에 대한 인식을 고취하자함이 아니었을까 한다. 시조를 3장 6구라
보통 말하지만 句는 어떤 통사적 자질[31]을 갖고 있는가 하는 점에 대해 육당
은 어느 정도로 인지하고 있었던 것으로 보인다.

　둘째는 句는 2음보로 되어 있고, 이 句가 끝나는 자리에 caesura가 온다는
것을 의미하자 함이 아니었던가 한다. caesura는 음보가 한 행 안에 4번 반복
되는 권태로움을 다소 막자는 의미에서 행의 가운데 오는 휴지이다.

　육당이 이 두 경우를 다 이해한 결과로 음보식 1장 2행 1연 식으로 표기했
는지는 정확하지 않지만 어느 한 경우를 이해했다 해도 당시로서는 선구적
자각이었다고 보여진다.

---

30) 林仙默, 앞의 책. p. 30.

31) 이 점에 대해서는 임종찬의 '現代時調 作品을 통해 본 創作上의 문제점 연구'(時調學論叢
　　12집 1996) 참조

문제는 오늘날의 시조시인 혹은 독자들이 시조는 3장 6구이고 1장은 4음보로 모두 12음보로 이룩되고 있다는 사실을 정확히 모르는 이가 많은 것 같고, 그 결과로 시조의 형식이 상당히 붕괴되고 있다. 이 점을 우려해서 필자는 1)과 같은 표기를 들고 나온 것이다.

2. 音步 단위 표기

  2) 꿈 길을
     헤매이다

     헛발 딛은
     시궁창 길

     소리쳐
     털어봐도

     고개드는
     虛脫 하나

     짓이긴
     I.M.F. 한파

     매서운 줄
     몰랐네.
       - 김옥동, 'I.M.F. 한파' 전문[32] -

---

32) 時調韓國, 1998년 창간호, p. 155.

3) 그리움이
   가만가만
   피어나는
   비인 들녘

   아직도
   먼 발치서
   어른대는
   그림자는

   그대여
   시린 별 하나
   내 가슴에
   지고 있다.
   - 박수인, '비인 들녘' 전문[33] -

음보식으로 음절을 묶어 표기하지 않고 띄어쓰기는 그냥 둔 채 음보를 단위로 하여 1행씩으로 표기한 형태이다. 2)는 句를 1연으로 하였고 3)은 장을 1연으로 한 것이 서로 다르다.

3. 音步 단위와 句의 혼합형

4) 꽃잎이
   떨어지네

   나뭇잎도 떨어지네

---

33) 時調韓國, 1998년 창간호, p. 163.

모두가
찬 바람에

우수수 떨어져도

울 엄마
그 이름만은

이 가을에 싹이 트네.
　　　　　- 이우종, '이 가을에' 전문[34] -

5) 주검보다
　　더 앞서
　　저승길을 가고 있다
　　비우고
　　또 비우고
　　또 다시
　　정리하며
　　손톱 밑
　　그림자까지
　　반짝이는 비늘같다.
　　　　　- 정정희, '병상일기 · 2' 전문[35] -

　4)는 句를 연으로 하면서 1句를 1행 또는 2행으로 변화있게 표기하였다.
5)는 4)와 같이 句를 변화있게 표기했으나 연을 설정하지 않았다. 4), 5) 어느
것이나 章 구분이 없어 이것이 시조인지 아닌지 식견하기 힘들다.

---

34) 時調韓國, 1998년 창간호, p. 242.
35) 부산여류시조, 1998. p. 111.

4. 音步단위, 句, 章의 혼합형

> 6) 누구 한없이 보고 싶어 안달하는 봄날에
>   만나 아무 얘기 못해도 자꾸 만나고 싶은 날에
>
>   소쩍새
>   너만이 와서
>   봄밤이 무너진다.
>   - 권혁모, '새소리 듣기' 일부36) -

6)은 초·중장은 각 1행씩으로 하여 2행 1연으로, 종장은 음보와 句를 3행으로 나누어서 3행 1연으로 표기하였다. 왜 시조 3장의 구별이 없어야 하는지, 또 초장과 중장이 1연이 되고 종장이 따로 1연이 되어야 하는지 의문이다.

> 7) 외등 아래 풍뎅이 느릿느릿 가고 있다
>
>   처진 가방끈에서
>   발자국 툭툭 떨어지고
>   어둠은
>   4월 나무들 뒤켠으로 물러섰다
>
>   燈보다 화안한 개나리 입술
>
>   먼 데 있는 저를 찾아 배고픈 벌레도
>   떨어진 꽃잎 헤치고
>   길을 내며 가나 보다.
>   - 홍성란, '비탈을 오르며' 전문37) -

---

36) 時調韓國, 1998년 창간호, p. 77.

7)에서도 3장 구분이 없고 장, 句, 음보 단위가 임의 대로 나누어져 있어서 시조답게 느껴지지 않는다.

5. 1章 1聯式 표기

8) 가슴을 젖게 하던
   네 노래 같은 바람 불면

   빗방울처럼 쏟아지는 느티나무의 가을 눈물

   멀리서 바라만 볼 뿐 갈 수 없는 두 그루.

   그래,
   가을 바람은 뼛속까지 투명한데

   흔들리는 가지들은 별빛 노래 연주하며

   눈부신 햇살의 물결에 보석처럼 빛난다.
   　　　　　- 김우연, '느티나무' 전문38) -

9) 멍든
   살을 깎아
   모래를 나르는
   파도

   천 갈래 바닷길이여, 만 갈래 하늘길이여

---

37) 홍성란 : 황진이 별곡(삶과 꿈, 1998), p. 20.
38) 대구시조, 1998년 2호, p. 27.

옷자락 다 해지도록 누가 너를 붙드는가.
- 홍성란, '섬' 전문39) -

10) 바다 끓고 넘치며 섬 허리 껴안는 날

비자나무숲 바람으로 함께 흐르는 동안

비온다 비가 내린다 내 가슴에 비 내린다.

너희 스스로 한 일가를 이뤄 사는 천년

모든 세월의 잡목 제 갈 곳 떠나 보낸 뒤

길 위의 동행한 사랑 떠나보낼 수 있으리.

저물 녘, 그 바다 돌아와 불을 켜는 빈 방

사람은 사람이 떠난 체온을 그리워하고

숲들은 나무가 떠난 적막을 그리워한다.
- 오종문, '제주 비자나무숲에서' 일부40) -

10)은 首의 끝자리에 마침표가 있고, 종결어미로 끝나고 있어 首의 구별이
분명하다. 그리고 장이 행이면서 연으로 표기되고 있어 章의 구별이 분명하
므로 이런 식의 시조 표기는 큰 무리가 없게 보이지만, 8)과 9)는 외형적으로
볼 때 章, 句, 音步 구분이 되어 있지 않아 자유시로 볼 수밖에 없는 표기이다.

---

39) 홍성란 : 앞의 책, p. 13.
40) 열린시조, 1998년 겨울, p. 272.

6. 章·句·音步 구분이 없는 散文式 表記

> 11) 살가루 흩날리며 숯불구이 익어갈 때 외계에서 날아 온
>   무산계급 일단이 산 채로 한 줄에 꿰어 사람들을 씹는다//
>   뒤집어진 것들이 일제히 일어선다 난자당한 뼛가루가 수족
>   을 찾고 있다 인간이 유린한 삶이 죽창 들고 밀려 온다// 어
>   쩌나. 소리 없이 눌러 버린 작은 것들이 저지선을 뚫고 인해
>   전술처럼 쏟아진다 누구도 그들을 팔아 단죄할 수 없었다.
>   - 홍성란, 'SF' 전문41) -

11)은 章, 句, 音步의 구분이 없는 散文式 表記라 할 수 있다.다만 首의 구분을 위해 겹빗금을 그어 놓고 있을 뿐이다. 이것은 마치 고시조집의 줄글내리박이식 표기법에다 띄어쓰기만 해 놓은 표기라 하겠다. 이것은 계속 읽어서 시조다운 골격을 찾아가야만 비로소 시조로 인식되는 까다로운 표기이다.

7. 자유시 표기

> 12) 봄마다
>   내 몸 속에
>   죄가 꿈틀, 거린다네.
>   티 없는 눈길로는 피는 꽃도 차마 못 볼,
>   들키면 알몸이 되는
>   죄가 꿈
>   틀, 거린다네.

---

41) 홍성란 : 앞의 책. p. 42.

죄가 꿈
틀, 거린다네
들키면 알몸이 될,
망치로 후려치고 때릴수록 일어서는 두더지 대가리 같은,

피는 꽃도
차마
못
볼,

- 이종문, '고백' 전문[42] -

13) 지난 봄
그 동자승
햇살을 쓸던 뜨락
제 옷자락, 무게마저도,
못이기는, 늙은 중이,
저녁놀, 절 밖을 향해, 쓸어내고, 있었다.

그러나 천산 만산, 천근 만근 저저녁놀! 젖먹은힘 젖먹은힘 저저녁놀
저저녁놀……

그리고
낙엽이
지고……………
………………………
그
리 고
………………………눈이

---

42) 대구시조, 1998년 2호. p. 55.

내

리

고··············

··························

···

- 이종문, '그리고 낙엽이지고' 전문[43] -

14) 해녀는
　　물 속에서만 눈을 뜨고 입을 연다.

　　남몰래 옷을 벗어
　　모든 것을 내맡겨도

　　오히려 못 믿을 곳은
　　휘파람
　　저
　　너머
　　세상.

- 鄭仁洙, '海女' 전문[44] -

15) 달 동동
떠내려 가며
물레방아
돌리던 물

달빛
한줄기
바람

---

43) 열린시조, 1998년 여름, p. 135.
44) 열린시조, 1998년 겨울. p. 112.

>   한줄기
>   살찐 미나리 단을 묶어
>
>   나랏님
>   수랏상 올린
>   푸른 민초 살냄새.
>   - 이숙례, '길 떠나기 · 1' 전문[45) -

12, 13)은 章, 句, 音步의 구분없는 완전 자유시의 표기 형태이다. 14), 15는 장을 연으로 나눈 것으로 3장 구분이 되어 있는 듯이 보이지만 그러나 이것은 시조 작품으로 인지되고 난 뒤의 일이고 처음 이 작품들을 대할 땐 구와 장의 구분이 없는 형태, 즉 자유시 표기 형태로밖에 볼 수 없다.

다음으로 이미지를 시각화하여 표기한 방법이 있는데 이점에 대해서는 장을 달리하여 설명하기로 한다.

V. 이미지의 시각화와 시조의 표기

서정시에 있어서의 발화 양식은 일반 대화에서의 발화 양식과는 거리를 두는 경우가 보통이다. 부분 혹은 전적으로 연결성이 결여되거나 통사론적으로 심지어는 의미론적으로 문장연결의 전통적 방법을 이탈하기까지 한다. 어떤 문장에서 다른 문장으로의 느닷없는 바뀜은 물론이고 통사론적 내지 논리적 결함을 벗어나는 경우가 허다하다.

모호하거나 논리적으로 체계화되지 않은 서정적 발화뿐 아니라 축약된 발화형식을 가지기도 한다. 이것은 외적으로 짧은 발화이면서 언어적으로 간결한 발화로써 정상적 발화가 되기 위해서는, 보완하거나 설명해야만 이해 가능

---

45) 부산여류시조, 1998, p. 72.

한 발화에의 자유를 서정적 발화는 가지고 있다.

　애매하고 논리적으로 설명되지 않고 또 축약된 발화 방식을 채택하는 서정적 발화 방식은 서정시의 구조적 특수성에서 비롯된다. 서정시는 지극히 수신자의 이해가능성을 언어적으로 겨냥하지도 않고 어떤 대상의 특성에 따라 유도되지도 않기 때문에 지극히 개인의 사적인 언어이다. 이 사적 언어, 즉 개별 발화는 일반 대화에서 요구하는 이해가능성을 사실 관계에서의 적합성에서 해방시킨다.

　특히 서정적 발화 중에서도 정형시의 발화는 음절수의 증감, 순서의 바뀜을 절대로 용납하지 않는다. 그렇게 되면 시의 파괴로 이어지기 때문이다. 이럴 경우 그 순서에 놓여 있는 언어는 그 언어밖에 용납 못하는 구조적인 틀을 外的으로 나타낸 것에 불과하다. 그러니까 시적인 분위기의 연출은 꼭 언어 형식의 어떠함보다는 시의 형식의 강제 때문에 산문으로부터 이탈된다. 정형시는 더욱 이러한 한도 내에서 심미적 기능을 하게 된다. 그러므로 정형시는 언어를 율동화시키고 의미론적으로 강화시킨다. 가령 '자나 깨나 불조심, 꺼진 불도 다시 보자' 같은 표어는 불을 조심하자란 말의 의미 강화에 크게 기여하는 이유가 여기에 있다.

　정형시의 구조적 간결성과 정형시의 심미적 복합성 사이에는 심오한 연관성이 있다. 일반 발화 형식에서 용납되지 않는 심미적 복합성은 구조적으로 간결해야만 용납되고 작용된다. 정형시의 형식이 단순하면서 長文化를 요구하지 않는 이유도 심미적 복합성을 유지하려는 데에 있다. 가령 시조가 長文이거나 형식이 복잡하였더라면 장구한 세월 동안 창작되거나 회자되지 않았을 것이다.

　서정적 시는 크게 3가지 유형으로 기능한다. 그것은 ① 노래하기에 적당한 서정적 시, ② 낭독하기에 적당한 서정적 시, ③ 묵독에 적당한 서정적 시 등이다.

①의 측면에서 시조는 노래(唱)을 위해 존재한 서정시이다. 즉 시조 형식 그 자체가 음악의 형식과 연관된 것이었다.[46] 그리고 ②의 측면에서 시조는 창의 가사로서 자족했을 뿐 아니라 낭독(이 경우 律讀)을 위한 형식미를 갖추고 있다. 시조를 1장 4음보의 3장 12음보로 규정하고 있는 것은 다름 아닌 율독으로서의 시임을 입증하고 있는 셈이다. ③의 측면에서 시조는 매우 불안정한 형태이다. ③이 불가능해서가 아니라 ③만으로는 시조다운 형태를 느낄 수 없기 때문이다. 정형시는 소리내어 읽고 읽어서 리듬의 규칙화가 청각적으로 느껴지는 것을 본질로 한다.

리듬은 음과 음의 연속 안에서 이루어진다. 말의 의미는 음성의 배후에 존재한다. 인간이 타인의 말을 들을 땐 말 소리를 초월하고 있는 의미의 세계를 듣는 것이다. 즉 화자와 음성과를 분리해서 긴 말은 줄이고 외국어는 자국어로 너무 짧은 말은 보충해서 의미 파악에 나선다. 그러나 정형시에 있어서는 의미파악에 선결하여 음과 음이 이어내는 리듬을 빠뜨리지 않고 들어 그것에서 우러나오는 음악적 쾌락에 취하게 되고 그 다음에 거기에 가세된 의미와의 결합으로 정형시를 이해하는 것이다. 그렇기 때문에 시조의 경우엔 ③이 매우 불안정한 형태라는 것이다.

그렇다고 ③과는 완전히 결별되었다고도 볼 수 없다. 시조는 어찌되었든 인쇄를 통해 독자에게 전달되고 독자는 실제로 소리내어 율독을 하든 아니면 마음 속으로 리듬을 간주하며 눈으로 읽든 간에 인쇄화된 표기에 구속당하기 때문이다. 가령 E.Commins는 ode에서 종결시행을 아래와 같이 표기하고 있다.

o

l d

낭독조의 가곡에서 한 단어 old가 단어로부터 분할되어 나타난 것은 나이가 드는 일에 대한 비탄의 음향을 형성해 내고 있는 것이라는데[47] 단어의 의미만으로는 화자의 감정체계가 어떠함을 객관화시킬 수 없다는 의미에서 문법적, 통사론적 연관성에서 벗어난 표기를 함으로써 발화의 의미가 총체적으로 확충되고 있다. 이럴 때 독자든 낭독자든 시각화한 이 단어의 의미를 보다 구체적으로 파악하게 되고 그 의도를 짐작할 것이다.

그것이 어떠한 서정시이든 서정시의 서정화 작업에 시각화된 표기 형태가 화자의 정서를 간접화하고 작가의 의도를 간접화한다.

1) 눈보라 비껴 나는

　　個 ― 群 ― 街 ― 道

　　　　퍼뜩 車窓으로 스쳐 가는 人情아!

외딴집 섬돌에 놓인

하　나
둘
세 켤 례

　　　　　- 장순하, '고무신' 전문[48] -

2) 어루만지듯
　　당신
　　숨결
　　이마에 다사하면

---

47) 장영태 역 : 서정시 : 이론과 역사(문학과 지성사, 1994), p. 72.
48) 張諄河 : 白色賦(·志社, 1968), p. 85.

　　　내 사랑은 아지랑이
　　　春三月 아지랑이

　　　장다리
　　　노오란 텃밭에

　　　　　나비
　　　　나비
　　　　　　　나비
　　　　나비.

　　　　　　- 이영도, '아지랑이' 전문49) -

1)에서 '企 － 群 － 街 － 道'라고 한 이 표현이 2음보 양만큼의 음량을 확보하기 위해 문장부호까지 동원하였다. 음량 확보만으로 시조 율격이 확립된다고 보기는 어려우므로 시조 형식으로 봐서는 파격이다. 문제는 섬돌 위에 놓인 세 켤레의 신이다. 하나는 어른의 신, 다음은 어린이 신, 그 다음은 역시 어른 신이긴 하지만 처음 신보다는 작은 고무신이 네모난 섬돌 위에 순서대로 놓여 있음을 보여주고 있다. 그러니까 활자 크기와 도형을 활용하여 문자를 넘어선 많은 정보를 도형 또는 활자 크기를 통해 전달하고 있는 것이다.

2)에서는 장다리밭에 나비가 여러 마리 이리저리 날고 있음을 시각화하고 있다. 아무리 시조가 청각적 리듬에 호소하는 정형시라고 해도, 일단은 시조가 활자화되어야 하고 시각적 현상으로 독자에게 호소되어야 한다. 위에서와 같이 시각적 현상으로 시조가 표기되었을 때는 평탄하게 활자화된 경우보다 더 많은 정보를 함의하거나 정보를 입체화시킨다.

작품의 문자화는 일단 ① 시각적 효과를 어떻게 얻느냐가 중요하고, ②

---

49) 이영도: 石榴(中央出版公社, 1968), pp. 22~23.

청각적 효과를 얻기 위해 어떻게 낭독하도록 시각적으로 명령하느냐 하는 것이 문제이다. 가령 2)에서 나비의 비행을 높낮이로 표기한 것은 나비의 나는 위치가 저마다 달라서 나비 그 자체가 점점이 찍힌 그림처럼 형용되었다면 이 부분의 낭독을 고른 음성의 획일적 표현으로는 작자의 의도를 살리지 못한다. '나비' 단어의 저마다의 다른 톤(tone)으로 낭독해야 분분이 날고 있는 나비의 시각적 이미지가 청각적 효과로 나타난다 할 것이다.

1), 2)는 사실 형태시라고 이름 붙일 수 있다. 형태시는 外的형태가 정상적으로 식자된 산문 텍스트와 어긋나고 언어적 재료는 상징적인 형태 혹은 기호론적 의미에서 일종의 상(ikon)을 결과하도록 배열되는 방식50), 즉 '시형식과 형태적 형식'을 일치시키는 시를 말한다.51)

예를 들면 모르겐슈테른의 '강어귀Die Tricht'와 같은 텍스트가 좋은 예라 하겠다.

3)
> 두 개의 강어귀가 한밤을 방황하네.
> 그 몸통의 좁아진 협곡을 따라
> 하이얀 달빛이 흐르네
> 조용히 그리고 맑게
> 그것의
> 숲길 위
> 등등
> 등.

Zwei Trichter wandeln durch die Nacht.

Durch ihres Rumpfs verengten Schacht

---

50) 각주 47)과 같음.

51) 텍스트의 원리에서 이것은 시각적 시와는 다르다. 시각적 시는 운율적 원리를 벗어나 도형적 원리를 취하면서 단어들의 몇몇 행렬이 하나의 상을 그리고 있는 작품 같은 것을 말한다.

fließt weißes Mondlicht
still und heiter
auf ihren
Waldweg
u.s.
w.[52]

　여기서는 시형식과 형태적 형식이 동일하게 나타나 있다. 문자는 형태가 되고 형태는 단어들의 의미와 결합되어 상과 시가 일체를 이룬다. 자유시에서는 이러한 형태시가 꾸준히 시도되어 왔다. 그런데 시조에 있어서는 장의 통사적 형태가 고정되어 있고, 율격적 통제를 받으므로 자유시에서처럼 넓은 폭을 유지할 수가 없다. 부분적으로 1), 2)에서처럼 시도할 수는 있는 것이다. 그러나 가령 다음과 같은 표현이 있었다면 어떻게 될까.

　　4)　　오자오자어서오자
　　　　　자　　　　　오
　　　　　오　　　　　자
　　　　　자오자오잠을자오

　　　　　살자살자살자살자
　　　　　자　　　　　살
　　　　　살　　　　　자
　　　　　자살자살자살자살

　　　　　세상은 네모꼴 행렬
　　　　　네모쓸에 갇힌 새야.
　　- 김영홍 「"권태보다는 죽음을" 레오라르도는 이렇게 말했다」 전문[53]

---

52) 장영태 역, 서정시 : 이론과 역사(문학과 지성사, 1994), p. 56.

4)는 세상이 네모꼴 행렬임을 보여주기 위해 문자를 네모꼴로 시각화하고 있다. 시각화에는 성공했는지 몰라도 4)를 어떻게 읽어야 하는지가 문제다. 읽어서 소리를 어떻게 정형화 해야 하는지가 의심스럽다. 교란과 혼돈을 느끼기에는 적당할지 몰라도 시조 표기로서는 실패인 것이다.

시조는 다르다는 게 여기서도 입증된다. 시조의 표기를 통한 이미지의 시각화는 자유시에서처럼 자유롭지 못한 것인데도 4)와 같이 시도된다면 정형시로서의 시조는 파괴되고 마는 것이다. 성공적인 시조 표기는 시조를 보다 효과적으로 감상하게 한다. 그러나 자유시에 비해 퍽 한정적일 수밖에 없는 것이다.

VI. 결 론

이상, ① 고시조집에 나타난 표기 ② 현대시조로의 모색을 시도해온 六堂의 百八煩惱(東光社 1926)에서부터 趙愛泳의 슬픈 憧憬(서울신문사 1958)까지의 소위 1920年代에서 1950年代까지의 각 시조집에 나타난 표기 ③ 최근 1990年代 여러 시조집 또는 시조전문지에 나타난 표기의 여러 양상들을 살펴보았다.

①을 살펴본 결과는 다음과 같다.

첫째, 唱이나 律讀을 위한 表記가 아닌, 단순히 시조 작품의 전달만을 목적으로 하는 표기가 있었다. 이것은 唱의 종류에 따라 창자가 시조를 임의대로 창할 수 있도록 하고, 창이 아닌 律讀을 할 경우라 해도 율독자의 재량에 맡겨 놓은 표기라 하겠다.

둘째, 시조창 또는 가곡창을 겨냥한 표기 형태가 있었고, 그 중에는 창을 겨냥한 표기 안에 율독할 경우를 생각하여 부호를 삽입한 경우가 있었다.

---

53) 열린시조, 1998년 가을호, p. 204.

　셋째, 창과는 상관되지 않는 여러 형태의 표기가 있었는데, 이것은 律讀上의 편의를 표기한 것인지 아니면 교본으로서 창을 지도할 적에 지도상의 편의를 위한 표기인지 또는 이 두 경우 모두를 포함하기 위한 표기인지는 알 수 없으나, 끊어 놓은 자리는 소위 句의 자리이거나 또는 음보의 자리에 해당하여 의미상 분별되는 자리임을 나타내고 있다.

　넷째, 소위 시조를 3장 6구 12음보라 할 때, 구의 기능을 살려 6切, 또 음보의 기능을 살려 12切로 된 表記가 등장하고 있다. 이와 같은 표기는 시조 작품의 구조상의 이치를 따라 律讀하기를 강요하는 표기라고 보여진다.

　이와 같이 볼 때, 고시조집을 편찬한 이들은 창과 시조와의 유기적 관계를 깊이 인식하고, 이것을 표기화 하려 노력하였음을 알 수 있다.

　②를 살펴본 결과는 다음과 같다.

　첫째, 대체로 이 시기의 시조표기는 章이나 句를 한 行으로 처리하거나 또는 음보단위를 한 행으로 처리한 경우가 많았다.

　둘째, '슬픈 憧憬'을 제하고는 모두 3장 구분을 분명히 하고 있었다. 장의 구분을 분명히 하고 있다는 것은 시조의 3장이 유기적으로 결합하여 시조를 이루고 있음을 분명히 인식함과 동시에 章은 시조의 의미 단락이므로 의미단락이 3개가 되어야 시조가 된다는 시조의 의미에 대한 명확한 근거를 보이고 있다는 점이다.

　③을 살펴본 결과는 다음과 같다.

　이 시기는 ㄱ) 띄어쓰기를 무시한 채 음보식으로 표기 ㄴ) 띄어쓰기를 하되 음보단위로의 표기 ㄷ) 음보단위와 句를 혼합한 표기 ㅁ) 1章 1聯式 表記 ㅂ) 散文式 表記 ㅅ) 自由詩 表記 ㅇ) 활자 크기, 도형을 활용하거나 문자로서 도형화한 표기 등이 나타나고 있다.

　시조는 문자로 표기되었다 해도 그것을 소리내어 읽어서 소리가 정형화되어야 하는 정형시다. 다시 말해 정형시로서의 정형성 확보는 시조의 읽기에 달려 있다. 그렇다면 정형시로서의 읽기에 장애를 주는 표기, 이를테면 ㄷ), ㄹ), ㅁ), ㅂ), ㅅ), ㅇ)의 경우는 시조전문인이라 해도 시조답게 읽어내는데 어려움이 발생한다. 더욱이 평범한 독자의 경우엔 그것이 정형율에 충실한 시조라 해도 시조로서의 구현을 기대하기 어렵게 된다.

앞서 ②의 경우는 ③에서 나타난 여러가지 문제가 되는 표기를 미처 생각하지 못해서 그런 표기를 하고 있다고 생각한다면 퍽 안이한 해석이라고 할 수 있을 것이다. 오히려 시조를 시조답게 읽어야겠다는 생각이 ③의 문제가 되는 경우를 배제하고 있다고 생각된다.

③에서의 여러 표기 중 ㅅ)은 시조를 완전히 해체한 표기이므로 시조의 표기로부터 완전히 멀어진 형태다. ㅇ)역시 시조의 이미지 형상화라는 측면에서는 고려될 수 있지만 퍽 제한적으로 활용되어야 할 것이라 생각된다.

이상으로 ①, ②, ③의 경우를 살펴보았다.

시조를 시조답게 유지하고 지키는 일 중의 하나는 시조를 시조답게 표기하는 일이고 그것이 중요한 문제 중의 하나임을 알게 되었다. 즉 음보, 구, 장을 분명히 구별지은 표기, 아니면 이것들을 쉽게 인식할 수 있도록 하는 표기가 시조다운 표기라고 할 수 있겠다는 것이다.

이렇게 본다면 '슬픈 憧憬'을 제한 ②의 경우가 시조표기로서의 바람직한 예가 될 수 있겠다는 결론을 얻었다.

現代時調의 完結性 研究

Ⅰ. 서 론

시조는 한국시가상에 있어 가장 오래 지속되어오는 정형시라는 점에서 의미 있는 문학이라고 하겠다.

조선조 사회에서는 당시 문학을 대표하리만큼 성행했으나 오늘날에 있어서는 자유시에 밀려 변방에 위치하는 시로 전락하고 말았다. 이렇게 된 이유에 대해서는 여러 가지 이유를 들 수 있겠지만 그 중의 하나는 현대시조가 자유시와의 변별성을 확실히 가짐과 동시에 시조만의 장점을 행사하지 못하고 있기 때문인 것이라 하겠다.

자유시에 비해 시조는 언어의 절제를 통한 詩意의 응축을 요구하면서 시적 논의도 종장에서 종결하기를 요구한다. 자유시는 형식이나 내용이 자유분방함이 장점이라면 시조는 형식이나 내용에 있어 질서정연함이 장점이라 할수 있다.

이러한 관점에서 이 논문에서는 현대시조가 시조로서의 완결성을 확보하고 있는지에 대해 알아보고자 한다. 시조로서의 완결성이란 시조 3장이 의미상 유기적 결합을 하여 한 수로서 시적 논의를 종결시키는 형태를 의미한다.

II. 古時調와 單首精神

고시조는 蒙古支配期에 형성되어 점진적인 발달을 거쳐 改革運動이 본격적으로 이루어진 고려말경에 이르러서 그 형식이 어느 정도 整齊되었고, 고려속요가 몽고지배하에서 부패하고 타락한 王室과 權門勢族에 의해 발달된 문학인데 반해 왕실과 권문세족과 대립적 관계에 있었던 新興上大夫들에 의해 형성된 문학이다[1]. 그렇기 때문에 이 시기의 작품들은 俗謠의 퇴폐성, 음란성과는 反立하는 삶에 대한 진지성을 나타내었다. 고려말의 작품으로 어느 정도 신빙성을 가지는 작품을 예로 들어보기로 한다.[2]

> 1) 이 몸이 죽어죽어 一百番 고쳐 죽어
> 白骨이 塵土되여 넉시라도 잇고 업고
> 님 向한 一片丹心이야 가실 줄이 이시랴
> 二數大葉 鄭夢周 (瓶歌 52)

> 2) 이런들 엇더하며 저런들 엇더하리
> 萬壽山 드렁츩이 얼거진들 긔 엇더하리
> 우리도 이又치 얼거저 百年까지 누리이라
> 三數大葉 太宗御製 (瓶歌 797)

---

1) 崔東元, 古時調研究(螢雪出版社, 1977), p. 53.
2) 위의 1) 2)는 역사적 사실과의 밀착성으로 보아 뒷사람의 變改나 擬作의 의심이 가지만 변개나 의작이라고 단정하기는 어렵다. 설령 변개나 의작이었다 해도 시조의 형식적 완결미를 잘 나타내고 있다는 의미에서 좋은 예가 될 수 있다. 1) 2)가 뒷사람의 변개나 의작이었다고 한다면 3)도 그럴 가능성이 있다고 봐야 한다.

> 3) 白雪이 ㅈㅈ진 골에 구룸이 머흐레라
> 　 반가온 梅花ᄂᆞᆫ 어닉 곳이 픠엿ᄂᆞᆫ고
> 　 夕陽의 호올노 셔셔 갈 곳 몰나 ᄒᆞ노라
> 　　　　　　二數大葉 李穡 (甁歌 51)

이것말고도 禹倬(2편), 李兆年(1편), 崔瑩(1편), 成汝完(1편), 李存吾(1편) 의 작품들이 전해오고 있으니 고려말에 신흥사대부들에 의해 시조가 처음으로 창작되었다고 할 수 있는 것이다.

당시 신흥사대부들은 고려 말기에 중앙 관계에 새롭게 등장한 士族家門의 후예로서 신흥사족에 해당하는 李齊賢, 李穡, 鄭夢周, 鄭道傳, 趙浚 등을 이름이고 정서적으로 동류로 인정되는 禹倬, 李兆年, 權近, 李存吾까지도 포함시킬 수 있을 것으로 생각된다. 이들은 일차적으로 왕실의 무능과 부패, 여기에 일조하는 권문세족들의 혹심한 수취에 대해 저항하면서 왕조의 새로운 면모를 일신하기 위해 노력한 改革派라는 점, 이차적으로 佛敎가 지배계층의 支柱로서 尊嚴과 보호에 안주하면서 부패와 타락과 행패를 일삼는 데 대한 저항감을 가지고 있었다는 점을 공유한 士類였다고 할 수 있다. 이들은 왕조의 쇄신을 위해 佛敎 대신 朱子學으로의 대치를 주장하고 이것을 통한 국가 개혁을 도모하였던 것이다.

여기서 士라 함은 丁若鏞이 밝혔듯이 "옛날에는 道를 배운 이를 일러 士라 하였는데, 士는 仕(벼슬)의 뜻을 가진 것으로 위로는 公卿에게 벼슬하고 아래로는 大夫에게 벼슬하여 그것으로써 임금을 섬기고 그것으로써 백성을 윤택하게 하고 그것으로써 천하국가를 위하는 자를 士라 하였다"3)라고 했듯이 士는 道學之人을 뜻하는 말이었음을 알 수 있다.

世宗實錄에는 四品이상은 大夫, 五品이하를 士4)라고 하였는데 이 경우는

大夫와 士와의 구분을 위함이고 中宗實錄에는 宰相과 士林이 둘이 아니고 이들 모두 士林5)이라 한 것은 사의 개념을 크게 잡아 이른 말이다. 또 龍飛御天歌에는 士를 儒生, 儒士, 儒라 일렀고 션비로 표기6)한 것으로 보아 사와 유가 같은 뜻으로 쓰이고 있음을 알 수 있다. 그렇다고 한다면 선비는 성리학 전래 이후에 확립된 개념이라 할 수 있다.

성리학은 安珦에서 시발되었다고는 하나 그의 제자 白頤正이 元京에 갔다 돌아오면서 程朱學 관계 서적을 구해오고 그의 제자 權溥가 朱子의 四書集註를 들여와 간행함으로서 본격화 되었다.

白頤正, 禹倬, 權溥, 李兆年, 李齊賢을 거쳐 麗末에 이르러 李穡, 鄭夢周, 吉再, 鄭道傳, 權近 등의 大儒가 탄생하게 된 것이다.7)

선비는 義를 행하고 不義를 용납하지 않으면서 禮를 존숭하였으며 出處居就가 분명한 사람들이었다. 정몽주는 대세가 李太祖에게 기울어 있음을 알면서도 節介를 굽히지 않았고, 死六臣은 滅族의 禍를 당할 줄 알면서도 端宗의 復位을 꾀하였고, 丙子胡亂때 三學士는 목숨이 위태로울 줄 알면서도 斥和를 주장하였고, 구한말 義兵들은 승산 없는 전투임을 알면서도 義를 위해 목숨을 바친 것은 모두 선비정신의 발현이라고 할 수 있다.

義란 올곧음이므로 명분이 서야하고 正統을 가져야 한다는 의미를 수반한다. 名分은 군신 부자 부부 등에 대한 각각의 분수를 의미하니 떳떳한 명복을 의미함이고 정통은 계통에 어긋남이 없음을 의미한다.

義理란 변하지 않고 굽히지 않는 정신세계이니, 맹자가 義를 정의하되 자신의 착하지 못함을 부끄러워하고 남의 착하지 못함을 미워하는 마음이라

---

4) 世宗實錄 卷53 世宗 13年 辛亥 5月 戊長
5) 中宗實錄 卷 72 中宗 26年 辛卯 11月 乙卯
6) 龍飛御天歌 卷 第 9 第 82 章
7) 李章熙, 朝鮮時代 선비 研究(博文社 1989), p. 245.

한 것도 올곧음으로의 추구와 같은 말이라 할 수 있다.

정몽주 정신의 발현인 1)은 義 밖에 다른 논거는 용납될 수 없다는 단호함을 나타냈다면 태종 정신의 발현인 2)는 국가란 土, 民이 기반되므로 王祖의 교체는 극히 제한적 의미를 가진다는 측면에서 이런들 저런들의 논리를 내세운 것이므로 명분과 정통을 자기식으로 해석한 셈이다. 3)은 1)과 2)의 간격 사이에 방황하는 한 지성인의 고뇌가 담긴 시조이다. 매화 핀 곳이 정신적 지향점이라면 어느 곳이 매화 피는 곳인지(어느 논리가 애국애민의 뜻인지)를 모르겠다는 것이다.[8] 아니면 백설이 넘쳐난 골에 반가운 매화가 피어 있을 리 없으므로 이런 악조건의 상황하에 석양을 만난 화자가 살아갈 곳을 모르겠다는 것이다.

> 4) 梨花에 月白ᄒ고 銀漢이 三更인지
> 一枝春心을 子規야 알냐마는
> 多情도 病인양ᄒ여 좀 못 일워 ᄒ노라
>
> 李兆年 (甁歌 50)

4)는 麗末의 어수선한 정치판도와는 별개로 다정다감으로 잠 못 이루는 봄밤을 노래했다. 시조는 출발부터 유학적 지성들에 의해 만들어지긴 해도 내용은 1)처럼 확실한 유자로서의 가치관을 표출하거나 2), 3)처럼 현실 대응에 대한 자기신원의 표출이거나 4)처럼 사물에 조응한 개인적 정서세계의 표출이거나 간에 한 수로서 명료한 시적 발언을 하고 있다.

선비인 유학자들은 그것이 시든 아니든 간에 애매모호하고 오리무중한 발언을 극도로 배격하였고 出處居就 또한 분명하였다. 이러한 결과가 四色黨

---

8) 李穡은 元나라에 들어가 과거에 급제하여 翰林知制誥의 벼슬을 지내다가 귀국하여 고려조에 대사성의 벼슬을 지냈다. 門下에 權近, 金宗直 등을 배출한 성리학의 대가였지만 조선조 태조가 여러 번 불렀으나 벼슬에 나아가지 않았다.

爭으로까지 비화되기도 했지만 고시조가 단수로서 완결미를 보이고 있는
것은 이와 같은 선비정신과 상통한다고 하겠다.

　고시조의 종장은 시적 논의를 완결시키는 기능을 한다. 앞서 작품들의 종장
에서도 이 점은 역력하다.

　① 님 向한 一片丹心이야 가실 줄이 이시랴
　② 우리도 이곳치 얼거저 百年쓰지 누리이라
　③ 夕陽의 호올노 셔셔 갈 곳 몰나 ᄒᆞ노라
　④ 多情도 病인양ᄒᆞ여 즘 못 일워 ᄒᆞ노라

　①은 일편단심의 불변함을 ②는 인생백년을 누리고 살 일이라는 당연을
③ ④는 상황에 대한 자기 견해를 각각 표현하고 있다. 어느 것이든 어떤
사실에 대한 자기 입장을 확정하고 있기 때문에 더 이상 시적 논의를 계속할
수 없도록 닫힌 마감을 한 종장들이다.

　물론 귀하게는 다음과 같이 시적 논의가 계속될 수 있는 여지를 보여주는
열린 마감의 고시조도 있다.

　　5) 나뷔야 靑山에 가쟈 범나뷔 너도 가쟈
　　　가다가 져무러든 곳듸 드러 자고 가쟈
　　　곳에셔 푸對接ᄒᆞ거든 닙혜셔나 ᄌᆞ고 가쟈
　　　　　　　　　　　지은이 모름 (靑六 419)

　　6) 오늘도 다 새거다 호믜 메고 가쟈ᄉᆞ라
　　　내 논 다 믹여든 네 논 졈 믹여 주마
　　　올 길혜 쏭 ᄯᅡ다가 누에 먹겨 보쟈ᄉᆞ라 (無情農桑)
　　　　　　　　　　松江 鄭澈 (警民篇庚戌乙丑本 13)

5), 6)은 시적 논의가 더 전개될 수 있는 여지를 남겨놓고 있다. 그러나 그것이 무한정으로 여지를 남겨 놓은 것은 아니다. 가령 5)는 청산행의 범위 안에서 6)은 작농의 범위 안에서만 논의를 전개시키도록 한정적 범위를 남겨 놓고 있는 것이다. 이렇게 열린 마감으로 된 5), 6)의 작품들에 있어서도 작중 화자는 出處居就를 분명히 한다는 측면에서 보면 1), 2), 3)과 크게 다를 바 없는 것이다.

선비들은 자기신원 표출을 시조 속에 담다 보니 시조가 논리적 완결미를 나타냄과 동시에 단수만으로도 자족한 시 형태를 이루게 되었던 것이다. 여기에 하나 더 부과되는 것은 시조가 唱詞였다는 측면이다. 시조창이든 가곡창이든 창의 연행은 독창 위주고 한 곡의 창이 끝나면 곧이어 和答의 창이 계속되기 때문에 時調가 長歌로 나타날 수 없고 민요처럼 제창으로 연결되지 않기 때문에 일절 이절로 속개되지도 않는다.

연시조의 형태라 해도 각 수는 각 수 그 자체의 독립적 완결미를 나타내는 단수들이 연속되는 형태이기 때문에 고시조는 단수로서 완결성을 갖는다고 할 수 있다.

이상 논의에서 우리는 고시조가 성리학적 인식 세계에 충실한 작품이든 아니든 시조를 쓴 선비들의 자기신원 또는 자기 판단의 표출을 분명히 함으로써 단수로서의 완결성을 유지하고 있음을 알았다. 나아가 이러한 단수로서의 완결성은 다른 시가와의 확실한 변별성을 의미하는 것으로 계속 유지되어 왔으며 비록 선비들의 작품이 아닌 경우에도 이것을 시조로서의 근거확보로 간주하면서 계속 창작되어 왔던 것이다.

III. 現代時調와 連作

고시조가 현대시조로 발전을 모색하는 과정에서 連作문제가 거론되었고[9]

이것을 당연한 것으로 인식하여 현대시조는 단수보다 연작위주로 창작되고 있는 실정이다.

連作은 單首보다는 시의의 응축 또는 詩意 전달의 강렬도가 떨어진다는 의미에서는 단점을 가지지만, 시적 대상이나 주제에 대한 묘사의 섬세성을 나타낼 수 있다는 측면과 詩的情況의 폭을 넓힐 수 있다는 측면에서는 장점을 가진다 하겠다. 그렇기 때문에 단수 혹은 연작은 시인 개인의 창작 의도에 의해 선택될 문제다. 다만 고시조에 있어서의 연시조는 五友歌나 五倫歌처럼 낱낱의 주제를 작품화한 여러 개의 작품들을 한 큰 제목으로 묶는 경우, 퇴계의 陶山十二曲처럼 각 6수로 짜여진 「언지」와 「언학」은 그 시적 성격이 판연히 다르기 때문에 한 편의 작품으로 보기 어려운 경우[10], 安玟英의 梅花詞처럼 유사한 單首의 계속적 나열인 경우[11]의 세 경우로 나타나고 있다. 어느 경우든 단수로서의 완결성을 가지고 있지만 한 작품으로서의 집합성과 통일성을 가지고 있다고 보기 힘든 것이 고시조에 있어서의 연시조라 하겠다. 여기서 연작이라 함은 고시조의 연시조와 구별되는 개념이다. 현대시조에 있어서의 연작은 위에서 말한 연시조의 세 경우와는 달리 한 주제를 시조로 표현함에 있어 첫째 수, 둘째 수 등으로 나누어 표현하면서 전체적으로는 유기적 통합을 이루어내는 경우를 말한다.

> 7) 成佛寺 깊은밤에 그윽한 풍경소리
>   主僧은 잠이들고 客이홀로 듣는구나
>   저손아 마자잠들어 혼자울게 하여라

---

9) 이 점에 대한 주장으로는 이병기의 '시조는 혁신하자'(東亞日報 1932년 1월 7일)와 '시조의 개설과 창작'(現代出版社. 1957)이 있다.

10) 성기옥, 도산십이곡의 구조와 의미(韓國詩歌硏究 11집), p. 227.

11) 류준필, 安玟英의 梅花詞論(한국고전시가작품론 2, 집문당, p. 579.)

댕그렁 울릴제면 더울릴까 맘졸이고
끊인젠 또들리라 소리나기 기다려저
새도록 풍경소리더리고 잠못일워 하노라
                -이은상 '성불사의 밤' 전문[12]-

8) 나의 무릎을 베고 마즈막 누우시던 날
   쓰린 괴로움을 말도 차마 못하시고
   매었든 옷고롬 풀고 가슴 내어 뵈더이다

   깜안 젖꼭지는 옛날과 같으오이다
   나와 나의 동긔 어리든 八九 남매
   따듯한 품안에 안겨 이 젖 물고 크더이다
                - 이병기 '젖' 전문[13]-

　7)은 첫 수 만으로도 성불사의 밤과 풍경과 작중 화자의 상관이 잘 드러냈
으므로 고시조 작가였다면 더 이상의 시적 논의를 삼가였을 것이다. 그러나
둘째 수에서 풍경소리로 잠 못 이루는 고충을 나타냄으로써 다정다감한 작중
화자의 심경을 구체화시켰다. 첫 수는 풍경 소리를 듣는 이 없이 혼자 울도록
했으면 좋겠다가 요지라면 둘째 수는 객이 풍경 소리로 인해 잠 못 이룸이
요지이기 때문에 첫째 수 둘째 수가 구별되면서 서로 상관되어 성불사의
밤 정경이 생생히 연상되도록 하였다.
　8)의 첫째 수는 쓰린 괴로움으로 가슴을 내어 보이는 어머니의 임종 모습,
다르게 해석하면 임종을 앞두고 마지막으로 젖 물리고 싶은 母情, 둘째 수는
어머니 젖꼭지의 보배로움 또는 어머니의 은혜로움으로 각각 독립되면서 전
체적으로 어머니 젖을 통한 은혜를 나타낸 작품이다. 어느 작품이나 종장은

12) 이은상, 鷺山時調集(漢城圖書, 1932), p. 17.
13) 이병기, 嘉藍時調集(白楊堂, 1939), p. 35

시상의 마무리 역할을 하고 있어 3장으로 완결미를 드러내었다.

　이와 같이 노산, 가람의 작품들은 고시조의 연시조 형태와는 다르게 성공적
으로 연작을 시도함으로써 연작의 길을 열었던 것이다. 그러나 다음 작품은
어떤가.

　　　9) 한 마리 낙지로 뭍에 오른 바다를
　　　　　살집 좋은 늙은 여자가 칼질을 하고 있다
　　　　　구석기, 빗살의 바다가 절절이 드러난다
　　　　　바다의 등을 향해 돌창을 던져대던
　　　　　원시의 부족들은 어디로 가버렸을까
　　　　　물고기 비늘 몇 점이 애오라지 떠다닌다
　　　　　건너 땅 왜국에 일침을 놓고 돌아오나
　　　　　바다의 아가리 속에 충치 하나 보인다
　　　　　인간의 전리품인듯, 금니도 박혀 있다.

　　　　　횟집, 늙은 여자는 똥배가 나왔다
　　　　　천 년 묵은 바다거북이 거기 들어가 사는지
　　　　　육중한 몸이 기울자 물결 따라 일렁인다
　　　　　기록을 남기지 않는 바다의 이력서에
　　　　　천상의 흰 코끼리가 발자국을 찍으며 온다
　　　　　여자가 낳은 것일까, 먼 섬 가까이 뜬 달.

　　　　　부끄럽지 않으냐 맨살의 바다야
　　　　　노략질하며 장난질하며 시비거는 바다야
　　　　　건들어 탐할 수 없는 신경질의 바다야
　　　　　갈 데가 없어 왔다만 올 데까지 왔구나
　　　　　가벼이 말하는 내게 닥쳐라 입 닥쳐라
　　　　　바다가 충고를 한다 그 권유를 받아 들인다
　　　　　　　　　　-박정호 '바다에서의 편견-땅끝에서' 전문[14]-

10) 장승도 날멩이에서 눈보라를 탁탁 턴다
　　비탈밭 수숫대들은 처진 죽지 떼어내며
　　구석진 비탈밭으로 몰려들어 쓰러진다.
　　몇 리도 가지 못해 허탄하게 주저 앉는 길
　　전신주가 전선 쳐들어 구름을 체질하면
　　분분히 내 가슴을 훑는 진눈깨비 눈초리들…

　　우르르 논밭들이 골짜기로 굴러 떨어진다.
　　끊긴 묏똥길이 마른 뒷목 희끗 보이며
　　물안개 저편 언덕을 활강하듯 넘어간다.
　　世紀는 잿길에서 옷고름 풀어뜨리고
　　맨바람의 무르팍으로 하염없이 떠나간다.
　　흐릿한 그대 뒷모습이 내 시야를 잡아챈다…

　　　　　　　　　　　-鄭輝立 '別離-五里亭에서' 전문15)-

　　자유시의 연구분으로 보면 9)는 3연, 10)은 2연으로 된 작품이다. 그런데
이것이 시조전문지에 발표되었으므로 지은이는 물론 편집자도 시조라고 간
주하였는데 9)가 시조라면 첫 연은 3수를 모아 놓은 것이고, 둘째 연, 셋째
연은 각 2수를 모아 놓은 연작시조라는 의미가 된다.

　　시조가 3장으로 완결된 형식미를 가져야 한다는 말은 내용에 적합한 형식
을 취할 때 시조가 탄생된다는 말과도 같다. 이야기 줄거리의 전개를 통한
구체적 인간 삶을 드러내려면 소설형식이어야 하듯이, 삶의 한 국면 한 순간
의 이미지를 긴장감 넘치게 표현하면서 논의를 절박하게 마무리짓고자 한다
면 시조여야 하는 것이다.

　　앞서 1)에서 정몽주는 자신의 일편단심 굳은 절개를 간단명료하게 그것도

_____

14) 열린시조, 1997년 가을, p. 62.

15) 현대시조, 2000년 봄, p. 75.

음악적으로 드러내려고 하니 시조형식을 선택하게 된 것이다. 문학에 있어 내용이 형식을 지배한다는 말이 이래서 등장한다. 바꿔 말하면 내용은 형식을 규제하고 형식은 내용을 보다 적극적으로 강화한다고 하겠다. 7) 8)에서 보면 각 首는 독자적 의미형태로 완결되면서 다음 수와 연계성을 가져 전체가 하나로 통합된 連作이었다. 그런데 9), 10)은 자유시 연 구분처럼 묶어 놓았는데 묶어놓은 이유가 불분명하다. 이미지의 나열만 보일 뿐이고 종장에서 시의가 마무리되지도 않는다. 곧 각 수끼리의 연계성을 통한 통합된 작품으로서의 연작이 되지 못하고 있는 것이다.

11) 지친 발 울음의 끝, 새벽은 보이지 않고

누가 일으키는 난분분의 저 파도

길은 또 내일 속으로 사라지고 있었다

보이는 꿈의 무게 꽃잎처럼 떨어지는,

떨어져 가을비에 말없이 흘러가는

지금은 설움의 행간 발을 막는 그 미소

한 백년 살리라는 믿음의 곤한 역정

먼 별빛 아우르는 내 몸 속 푸른 가시

시간은 바스러진 뒤 눈을 뜨지 못한다

설운 마음이야 첨탑처럼 솟아오르는

떠올라 저 하늘 끝 울음의 별이 되고

빛보다 부신 외로움 달려와 꽃이 피는

눈물은 네가 남겨 준 서러움만은 아니다

곰팡내 나는 우리 일상 아득히 멀어질 때

후미진 가슴을 여는 탄성의 거대한 빨판
                  -정공량 '어둠에게' 전문16)-

11)을 시조로 억지 구분하자면 3행씩으로 강제 구획할 수밖에 없다. 시조라
는 선입관 없이 11)을 읽는다면 자연스럽게 3장으로 끊어지면서 각 수는
그 자체로 詩意가 마무리되어야 하는데 11)은 3장 한 수로 마무리되지 않고
계속 시의가 진행되다 보니까 전통적 시조형식을 벗어나고 만 것이다.

    12) 극락으로 향하는가
        돌계단을 오른다.
        번뇌가 번뇌를 낳고
        자비가 자비를 낳는다는데
        누천년 이어온 숨결 꽃이 되어 피어라.

        백제의 역사가 그대 품에 있었나니
        빙 둘러 정(釘)자국이 흉터로 남아 있어
        상처는 뼛속까지 박혀
        생가슴을 후비는데,
        잘게 썰린 햇살마저 바람결에 날리면서

16) 열린시조, 1997년 봄, p. 42.

빈 골짝 정적 앞에서
무슨 할말 있으랴.
떨어진 곡식 낟알에도
벅찬 계절은 오는 것.

늘 살아있는 눈빛
아미타 여래시여.
설산(雪山)까지 녹아내릴 미소로
시방(十方)을 밝히시며
해 도는 방향 따라서 억조창생 살피소서.
      - 趙根鎬 '서산마애삼존불' 전문17)-

12)는 둘째 연에서 문제가 생겼다. 이것을 시조답게 章 구분을 해서 보면
이렇게 된다.

백제의 역사가 그대 품에 있었나니
빙 둘러 정(釘)자국이 흉터로 남아 있어
상처는 뼛속까지 박혀 생가슴을 후비는데,

잘게 썰린 햇살마저 바람결에 날리면서
빈 골짝 정적 앞에서 무슨 할말 있으랴.
떨어진 곡식 낟알에도 벅찬 계절은 오는 것.

표기를 위와 같이 안 했기 때문에 문제가 생긴 것이 아니라 시조로서의
완결성을 포기했기 때문에 문제가 생긴 것이다. '상처는 뼛속까지 후비는데'
는 詩意를 마무리해야하는 종장 구실을 못하고 오히려 다음 행으로 연결되면
서 종장 구실은 '빈 골짝 정적 앞에서 무슨 할 말 있으랴'가 하고 있고 그

---

17) 한국시조연간집, 1996, p. 307.

뒤 행 '떨어진…'은 앞 행들과의 무슨 연계성을 가지는 건지 모르는 말이 불쑥 나타났다.

2수를 연합한 시조형태를 시도하려 했다면 그것은 시조와는 다른 시형태일 뿐 시조라고는 할 수 없는 것이다. 시조는 시조형태상의 완결성이 드러나지 않는다면 시조랄 수가 없는 것이다. 이러한 점을 경계한 박제천 시인의 다음과 같은 말은 시조시인들이 의미심장하게 새겨들어야 할 말이라 본다.

이미 몇 백년 전에 씌어진 황진이의 시조처럼 종장에서 확연한 시적 전환과 결말의 묘미로써 시조의 미학적 특성을 살리지 못하고 초장, 중장의 내용이 전환의 의지 없이 종장으로 그대로 이어지고 있다면 이것은 현대시에서의 3번째 행의 역할과 다를 바 없다…연시조 역시, 단형의 서술 길이가 갖는 탄력성을 잃어버리고 평면화 되어버린 작품들을 많이 보게 된다. 記寫 형식마저 자유롭게 풀어쓴 경우 형태상으로 현대시와의 차별성이 없어진데다 그 내적인 의미체계마저 허물어져, 이것이 시인지 시조인지 도무지 분간할 수 없는 경우도 있다. ……

현대시조가 자유시를 대신하여 전통적 율격을 계승해야 한다는 의무감을 자각하고 있다면, 이제는 고시조가 보여준 의미의 완벽한 표현체제에 주목, 현대적으로 복원해내지 않으면 안 된다고 본다.[18]

連作時調가 이러한 문제성을 가지고 있음을 일찍이 간파한 이호우 시인은 즐겨쓰던 連作時調를 포기하고 말년에 가서는 단수 위주로 일관하는 작품세계를 보여준 것은 의미있는 일이었다.

> 13) 한 王國의 무너짐보다 아프단 落花나 落葉은
>   結實과 더할 봄의 오히려 期約임을

---

18) 박제천, 한국현대시조의 전통성 탐색(시조시학, 2002년 상반기, pp. 152~153.)

　　　　　忍苦의 生涯를 씹어견디다 또 하나 지는 이빨
　　　　　　　　　　　　　　　- 이호우 '落齒' 전문[19]-

　　14) 잠을 잃고 듣는 비소리
　　　　　地球도 하나 落島

　　　　　납빛 지겨운 하루
　　　　　五十年은 須臾였네

　　　　　투닥, 또 木瓜가 듣나보다
　　　　　지는 건가 익음이란
　　　　　　　　　　　　　　　- 이호우 '익음' 전문[20]-

또한 정완영 시인 역시 최근에는 단수 작품을 많이 창작하고 있다.

　　15) 봄날엔 童子처럼 앉아 노를 젓던 강물
　　　　　여름은 키 큰 사공 삿대 찔러 가더니만
　　　　　강물도 가을엔 늙는가 울며 흘러 가옵디다.
　　　　　　　　　　　　　　　- 정완영 '가을 강가에서' 전문[21]-

　　16) 어머님 길 떠나신지 십 년 십 년 또 십 년을
　　　　　그 해 그 가을이 오늘에도 수심 겨워
　　　　　콩밭에 누렇게 앉은 물 내 가슴에 다 실린다.
　　　　　　　　　　　　　　　- 정완영 '어머니 콩밭' 전문[22]-

---

19) 現代文學(1969. 10.)
20) 洛江 3집(1969. 11.)
21) 정완영, 이승의 등불(土房, 2001), p. 36.
22) 같은 책, p. 58.

13), 14), 15), 16)은 사물에 대비되는 인생의 의미를 시조화했는데 장황한 언사를 배제하고 구체적 실례를 간추려 시조 원래의 모습으로 환원한 작품들이다.

시적 논의가 단출하면 할수록 압축미가 돋보이는 법인데 고시조가 보여주었던 단호한 의지, 간결한 논증, 압축된 시상 등을 살리고 있다는 의미에서 앞의 작품들은 시사하는 바가 크다고 할 수 있다. 그러나 단수라도 다음과 같은 작품들은 시조의 묘미를 살리지 못한 작품들이라 할 수 있다.

> 17) 춥지요, 춥지요, 당신 기다리며
>   언 마음 꽃이 된 삼월이 있었습니다.
>   내 다시 창가에 와서
>   그대 이름 불러 봅니다.
>   - 이우걸 '매화梅詞' 전문23)-

> 18) 퓨즈가 나갔다.
>   그리운 어둠의 세계
>   잠시 얼굴 묻고 이름을 지우는 시간
>   사위(四圍)는 부산하지만
>   아득하고 달콤한,
>   - 이우걸 '퓨즈' 전문24)-

17), 18)은 의미의 세 단락으로 시조3장이 되어 있지 않을뿐더러 종장에서 의미가 마무리되는 시조의 묘미조차 살리지 못하고 있다. 시상의 나열만으로는 시조가 되지 않는다는 점을 간과한 것이다.

---

23) 열린시조, 2002년 봄, p. 58.
24) 같은 책, p. 59.

19) 사랑하고
   싶어라
   흔들리는 순수를
   그리움에
   목메이고
   미련으로 떨던 날도
   흐르는
   바람결에도
   몸져눕던 그런 날도.
   - 김민정 '갈대' 전문25)-

20) 누군가 제 가꾼잎, 바람과 함께 나누고 있고
   누군가 하늘의 저 잎, 빈 가지에 매달고 있고
   누군가 잔가지 무성히
   석양의 깊이를 헤집고 있다

   -손수성 '絶境附近'26)-

19)도 3장 구성이 되어있지 않은 작품이다. 특히 단수시조는 시상의 압축
절제를 통한 긴장감을 불러일으키는 시조인데 장황한 사변적 논의가 등장한
19)는 시조와는 거리가 먼 작품이라 하겠다. 20)은 누군가 자연의 섭리를
이행하고 있음을 말했을 뿐 그것이 결국 무엇을 의미하고자 하는 것인지,
작중화자의 판단에 근거한 결론적인 해석은 무엇인지를 말하지 않았다. 시상
만 이것저것 던져놓았기 때문에 의미가 뭉쳐져 덩어리를 이루지 못한 것이다.

고시조가 그러했듯이 13), 14), 15), 16)은 수식어를 가급적 배제시키고
사물묘사를 간략화하면서 작중화자의 판단과 주장을 강조함으로써 단수시조
의 성공적 예가 되었지만 17), 18), 19), 20)은 앞서 말한 절제와 배제, 강조를

---

25) 開花 10, 2001, p. 124.
26) 한국시조연간집, 2001년도, p. 183.

드러내지 못하였으므로 단수 시조로서 실패한 작품들이라 하겠다.

이상에서 살펴보았듯이 현대시조에 있어서의 연작인 경우, 처음 연작을 시도한 가람 노산은 시조로서의 완결미를 상실하지 않은 채 앞 首와 뒤 首가 독자적이면서 하나로 연계되는 연작을 시도하여 고시조의 한계를 초월하려 했다면 최근의 작품들에서는 시조로서의 완결성도 문제이고 연계성 또한 문제로 등장한 작품들이 있었음을 알았다. 단수 역시 시상의 압축, 절제를 통한 긴장감을 유발시킨 성공적인 작품들이 있는가 하면 그렇지 않고 장황한 언사 또는 시상의 산만한 나열에 그치면서 시조로서의 완결성을 벗어난 작품들도 있었음을 증명하였다.

IV. 결 론

이상에서 논의한 바를 간추리면 다음과 같다.

첫째, 고시조는 유학을 신봉하던 선비들이 속요의 퇴폐성, 음란성에 반립하는 삶의 진지성을 표출하고자 하는 욕구에서 비롯된 문학이었다.

둘째, 선비들은 出處出就가 분명하였고 그들의 발언도 분명한 자기 신원의 표출이었으므로 그들이 쓴 시조들은 단수로서의 완결성을 확보하고 있었다.

셋째, 連作의 현대시조인 경우엔 각 수마다의 완결성을 보유하지 못할 뿐 아니라 각 수끼리의 연계성을 통한 한 작품으로의 통합성을 갖지 못한 경우가 있었다.

넷째, 단수를 시도한 현대시조 중에서는 장황한 언사나 시상의 산만한 나열에 그쳐 정작 시조가 이룩해야 할 시상의 압축, 절제를 보이면서 시조로서의 완결성을 확보하지 못한 작품들이 있었다.

이와 같이 볼 때, 시조시인들 중에는 시조만의 강점이요 독자성이랄 수 있는 시조의 완결성에 대해 소홀히 취급하거나 인식하지 못한 분들이 있음을 알게 되었다.

　현대시조가 현대라는 의미에 집착하여 시조의 강점이요 독자성까지도 포기하려고 한다면 시조가 아닌 것을 시조라고 우기는 경우가 되고 말 것이다. 정형시란 정통적 정형을 지키면서 소재나 주제나 표현에 있어서의 다양성을 강조하는 시임을 잊어서는 안 될 것이다.

현대장시조(현대사설시조) 연구

Ⅰ. 서론 – 소외되었던 장시조

고장시조는 조선조시대와 개화기시대를 거쳐 정착되어온 우리의 시가다. 그런데 개화기 이후에 와서는 창작이 거의 없다시피 하다가 70년대에 들어서야 현대장시조의 창작이 활발해졌다. 현대장시조만의 시조집이 간행되기도 하고, 현대장시조로서 문단에 추천을 받기도 하여, 현대장시조 작품을 발표하는 시조시인이 늘어나기도 하였다.

왜 '70년대 그 이전에는 현대장시조의 창작이 없다시피 하였는가. 이점에 대해서는 다음 몇 가지 이유를 들 수 있겠다.

첫째, 국민문학파가 KAPF의 목적문학에 대항하여 시조부흥론을 부르짖을 때, 장시조에 대한 언급 또는 장시조 창작에 대한 실례를 보여주지 않고 단시조의 대한 언급 또는 실례를 보임으로 해서, 장시조는 관심밖의 대상이 되어서 그 이후로는 현대시조라 하면 현대 단시조를 이르는 것처럼 생각될 수 있었다.

둘째, 고단시조에 대한 연구는 있어왔지만 고장시조에 대한 연구는 통 없었을 뿐더러, 있어도 고장시조는 실패의 문학이라는 부정적 측면에서 보았기 때문에 현대장시조는 창작될 필요가 없는 양으로 생각될 수 있었다.

셋째, 고장시조가 창작되던 시기는 자유시가 창작되기 이전에 해당한다. 고장시조는 당시로서는 의미 있는 문학형태였다. 그러나 자유시가 만연된 이 시대에 있어서는 현대장시조는 자유시에 대해 형식과 내용의 양측면에서 독자성을 가짐과 동시에 장시조로서의 전통미를 살려야 한다. 한편으로는 고장시조와도 구별될 수 있어야 하기 때문에 이러한 어려운 문제를 풀기가 쉽지 않아서 현대장시조의 창작에 선뜻 나설 수 없었다고 생각될 수 있다.

대충 이러한 이유에서 현대장시조의 창작이 유보되어 왔다고 생각할 수 있는데, '70년대 이후에 들어 현대장시조의 창작이 활발하여 졌다면 앞서 말한 이유들이 부정될 수 있는 근거를 확보하였다는 말이 되겠는데, 고장시조에 대한 긍정적 평가도 최근에 와서야 내려진 상태이고, 자유시에 대한 장시조만의 독자성 확보를 위한 이론적 근거는 제시된 적이 없었다. 그렇다면 현대장시조라고 창작한 작품들은 자유시를 현대장시조라고 이름을 잘못붙인 경우일 가능성마저 있다.

오늘날 현대장시조라고 창작한 작품들은 과연 현대자유시와 구별되면서 장시조로서의 전통미를 가지고 있는가 하는 의문은 시조시인들만의 관심거리일 수가 없다. 시조문학의 진로를 위해서도 또 우리문학의 바른 이해를 위해서도 이 문제가 밝혀져서 현대장시조 창작의 바른 길이 안내되어야 할 것이다.

우리문학은 우리문학대로의 고유성을 가져야 한다. 그러나 현재의 우리문학은 이것을 간직하는 데에 장애를 받고 있다.

장애의 첫째 요인은 문학비평가들에게 있다고 하겠다. 이름을 날리는 문학비평가들은 대개 외국문학을 전공하였거나 외국문학 이론에 깊이 빠져있는 분들이 많은데 이분들은 우리 문학에 대한 깊은 이해를 못 가졌기 때문에 문제가 있다는 것이다.

경우에 따라서는 이들이 우리의 시각으로는 발견하기 어려운 구석을 잘 파헤쳐서 우리문학의 실상을 잘 파악하는 계기를 마련해 주기도 하였지만, 발전시켜야 할 우리문학대로의 장점과 고유성을 보잘 것 없는 것으로 또는 파기해야할 요소로 평가하기도 하였다.

둘째는 창작에 임하는 사람들이 그릇된 비평가의 안목에 매달리기도 하고, 외국풍을 본뜨는 것이 잘된 작품인 양 오인하는 데에 문제가 있다는 것이다.

이 두 경우 때문에 우리문학 나름대로의 발전의 길이 어둡게 된 것이 아닌가 한다. 이렇다면 바른 길을 안내할 창작 이론의 전개가 시급하다 하겠는데 이 일도 활발하지가 못하다.

이 글에서는 현대장시조라고 불리는 작품들을 분석하여 현대장시조라고 이름 붙일 당위가 있는지를 따지는 일과, 현대장시조의 창작은 어떤 방향으로 창작되어야만 하는가 하는 문제들을 풀어보자는 데에 목적이 있다.

참고로 여기 인용하는 작품들은 한국시조큰사전(을지출판사, 1985)에 실린 작품들임을 밝히고 작자명은 편의상 삭제하기로 한다.

II. 소리리듬과 의미리듬

고시조는 음성언어로서의 창의 문화영역을 벗어나지 않았다. 그러므로 고시조는 청중들이 시조창을 들을 때, 일차적으로 창이라는 음악과 노랫말이라는 문학을 동시에 들으면서 음악의 리듬과 문학의 의미를 서로 연결지어 감상하였던 것이다. 또 가객들은 노랫말의 의미에 따른 분위기를 음악의 악곡에 따른 분위기에 맞추어 창하였는데[1] 이것은 가객이 가진 문학성과 음악성

---

1) 어느 한 창사가 어느 한 곡조만으로 불리는 경우도 있고 여러 곡조로 불리는 경우도 있다.

에 따라 달라질 수 있었다. 그리고 이것은 가객이 창을 흥겹게 하기 위한 방편이면서 한편으로는 청자의 흥과 감상을 돕기 위한 방편이기도 하였다.

현대시조는 창을 목적으로 하여 창작하지 않는다는 점에서 고시조와는 다르다. 우연히도 창하기에 적당한 작품들이 창작될 수도 있겠지만 창을 목적으로 하여 창하기에 편리한 장치를 의도적으로 포함시키려 하지는 않는다.

창을 염두에 둔 시조는 창사로서의 갖추어야 할 제반사항을 갖추어야 하는데 제반사항은 대체로 다음과 같은 점들이다.[2]

1. 창을 듣는 청자의 지적 수준과 시호 및 의식세계에 알맞은 말의 선택이 창사 속에 포함되어 있을 수 있다.(말의 선택)
2. 청자가 쉽게 예측할 수 있는 구조적 연결형태가 창사 속에 포함되어 있을 수 있다.(구조적 연결형태)
3. 관습화된 통사적 공식구(syntactic formula)가 창사 속에 포함되어 있을 수 있다.(통사적 공식구)
4. 청자에게 의미를 잘 전달하기 위하여 반복구조가 창사 속에 포함되어 있을 수 있다.(반복구조)

창을 목적으로 하지 않는 시조는 위와 같은 제반사항을 창사에 포함시키는 대신 시로서의 의미화에 치중하게 되어 의미의 응집 또는 의미의 다원화를 위한 장치를 포함시킨다.

현대시조가 창을 목적으로 하지 않는 것은 현대시조시인들이 창에 대한 인식과 재질을 못 갖추었을 뿐만 아니라 설령 갖추었다 해도 위의 제반사항을

어떤 땐 아예 곡조명을 밝히지 않는 창사도 있다. 安玟英의 <梅影이 부드친 窓에…>는 羽初數大葉으로만 불리는 대신 황진이의 <靑山裡 碧溪水야…>는 二數大葉, 界樂으로 불린다. 어떤 창사는 다섯, 여섯 곡조로 불리기도 하지만 거기에는 일정한 범위가 있는 듯이 보인다. 또 창사가 많이 알려진 것일수록 곡조명이 많다. 창사와 곡조와이 연관을 따지는 연구가 필요한데 아직 이런 방면의 연구가 보이지 않는다.

2) 임종찬, 時調文學의 本質(대방출판사, 1986), p. 47.

배제 또는 둔화시킴으로써 시조가 시조로서의 기능에 더 충실해질 수 있다는 점을 깨달았기 때문이다. 또 한편으로는 제반사항을 포함시키면서 시로서의 기능에 충실할 수 있는 작품을 누구나 쉽게 쓸 수 없다는 데서 현대시조는 창과 거리를 둔 것으로 본다.

현대시조가 시조라는 이름에 값하기 위해서는 시조의 필연적 요소를 가져야 할 것이다. 이 필연적 요소의 하나는 시조의 리듬이라 하겠다.

다음의 장시조는 음보율로 따지기 곤란한 작품인듯이 보이지만 음보율을 정확하게 가지고 있음을 본다.

1)

남기라도	고목이되면	오든사이	아니오고
꼿이라도	십일홍되면	오든봉뎝도	아니오고
깁든물이라도	엿터지면	오든고기도	아니오고
우리인싱이라도	늙어지면	오시든정관도	에도라가구나
참아가지로	귀가만히	막혀서	나못살갓네

(樂高, 8921)

1)에서 보듯이 고장시조에서는 한 음보 안에 들어가는 음수는 단시조의 평균음수(나아가 우리시가의 평균음수)인 3이나 4인데, 1)에서는 3이나 4보다 더 많은 수가 들어간 음보가 여러 곳에 나타났다. 그렇지만 위의 작품은 누가 읽어도 1)과 같이 음보의 규칙화가 이루어진 시조로 읽게 될 것이다.

2) 달바주는 찡찡울고 잔디잔듸 속납난다
　　三年묵은 말가죽은 오용지용 우짓는듸
　　老處女의 擧動보쇼
　　함박쪽박 드더지며 역정너여 흐는말이
　　바다의도 셤이잇고 콩팟헤도 눈이잇지

봄꿈자리 스오나와 同牢宴을 보기를
밤마다 흐여뵈니
두어라 月老繩凶緣인지 일락비락 흐하여라

(詩歌, 704)

2)는 평균음수 3이나 4가 한 음보로 되면서 한 행이 4음보로 짜여지지만 군데군데 2음보 1행짜리가 섞이므로 인하여 음보의 규칙화와 불규칙화가 한 작품 안에 다 포함되어 있어, 앞의 1)과 다른 형태라 하겠다.

1), 2)에서 보듯이 고장시조의 경우엔 두 가지가 있지만 음보율에서 벗어나지 않는 시가였다.

> ㉠ 음보의 규칙화가 나타난 율격화된 작품
> ㉡ 음보의 규칙화와 불규칙화가 다 나타난 비율격화된 작품

고장시조는 결국 한 작품 전체이든 부분이든 음보의 율격화가 이루어지는 작품인 셈이다. 그런데 현대장시조라고 하는 다음의 작품을 읽어보기로 한다.

3) 일요일 아침부터 왼종일 낮잠이나 즐기려던 계획은 산산이 깨지고 만다. 딸애가 하도 흔들어 깨우는 바람에 이도 저도 그만 부시시 일어난다. 올 겨울들어 첫 함박눈이 내리자 국민학교 5학년 짜리 막내딸녀석이 아파트 옥상으로 올라가 조그마한 눈사람 하나를 만들어 가지고 내려와 베란다 창(窓) 밖에 올려놓고 그걸 좀 보아달라는 얘기다. 함박눈이 멈추고 햇살이 눈부시자 눈사람은 금시 기운이 없어지고 딸애는 그만 울상이 된다. 눈사람 머리위에는 귤껍질로 만든 모자가 비뚜루 씌워져 있고 금실 목도리도 제법 어울리게 감겨져 있지만 햇살이 너무 눈부셔서 입은 아래로 축쳐져 있는 꼴이 좀은 안됐다.
어쩌지 어쩌지 발을 동동 구르며 애가타는 딸애 성화 때문에 냉장고 냉동실에 딸로 방(房)을 하나 만들어 주었다. 눈사람은 햇살을 피해

> 안주(安住)했고, 때문에 가족이 한 사람 더 늘었다며 모처럼 온 식구가
> 한바탕 웃을 수 있었다.

부분적이나마 율격이 성립되는 작품이라면 몇 번 읽다가 보면 자연스럽게 율격이 드러나는 법인데, 3)은 몇 번을 읽어봐도 율격이 드러나지 않는다. 곧 ㉠도 ㉡도 아닌 산문시임을 알 수 있다.

산문시는 형식이 짧지만 의미의 압축이 있다는 점에서 일반 산문과는 다르고, 시행의 구분과 연의 구분이 없다는 점에서 자유시와도 다르다.

3)은 ㉠도 ㉡도 아닌 형태이므로 고장시조와 구별되지만 고장시조가 가졌던 3장 구성을 표기로서 보인 점에서 보면 현대장시조라고 쓴 작품일뿐더러 이 작품이 시조집에 실려 있으므로 작가는 물론 다른 이들도 현대장시조라고 여기고 있는 것 같다.

작자의 의도를 살려서 보면 <어쩌지 어쩌지 … 웃을 수 있었다.>가 종장에 해당된다. 그러나 고장시조에서는 이렇게 긴 종장이 없다. 종장은 초·중장에서 전개된 시적논의를 마무리하는 기능을 가지는 경우가 대부분인데 마무리를 하자니 문장이 길 수가 없었다. 대개 짧은 한 문장이었는데, 3)은 긴 두 문장으로 되어 있어 종장으로서의 마무리 기능이 분명히 드러나지 못했다. 굳이 3)의 종장을 찾는다고 한다면 <모처럼 온 식구가 한바탕 웃을 수 있었다>가 종장이 되어야 하고, 그렇게 되려면 그 앞엣말들이 식구들의 웃음의 원인이 되어야 하므로 詩文을 다시 정리하여 초·중장이 되도록 고쳐야 한다.

다음으로 문제되는 것이 의미상의 리듬이다.

리듬은 일차적으로 소리의 조직(sound texture)을 통한 청각효과를 말하는데, 한국시에 있어서의 리듬은 소위 pitch의 대립적 구조(이것을 영미식의 음보라 한다)가 유형화하는 데서 찾고 있는 영미시의 경우와는 다르다. 우리

말의 사정으로 봐서 pitch의 대립구조를 유형화하기는 어렵기 때문에 소리의 조직을 통한 억양상의 리듬은 시를 읽는 개인에게 자기나름의 리듬을 만들 수 있도록 어느 정도 허용하고 있는 편이 우리의 시라고 할 수 있다.

구조론자들은 시에는 소리리듬만 있는 것이 아니라 의미리듬이 있다고 주장하였다. 특히 러시아 형식주의자들은 심상·관념·낱말·구문 등의 병렬을 통해 느껴지는 의미리듬을 따져서 시와 비시를 구분지을 수 있다는 것이다.

Lotman도 시는 의미론적 입장에서 반복적 등가의 요소들의 대조와 대립으로 이루어진다[3]고 하였다.

우리시가에 있어서의 의미리듬은 앞문과 뒷문이 유사성으로 맞서는 유사병렬구조와 앞문과 뒷문이 서로 상반으로 맞서는 상반병렬구조로 된 경우가 많다.

漢詩중에서 律詩에는 對句가 지켜져야 하는데, 한시에서의 對句는 같은 類끼리 대조적으로 병치시킴으로써 일어나는 의미의 강화수법이다. 즉 병렬구조를 통한 詩文구성의 방법이다. 가령 天文門(天空日月 등)은 天文門끼리 時令門(年歲時刻 등)은 時令門끼리 地理門(地土山水江 등)은 地理門끼리 대조되는데 대조방법은 다양하다.

우리 시가에서도 대조적으로 병치되는 경우가 많은데 한시에서처럼 같은 類끼리의 대조도 있지만 속성이 다른 두 세계를 동질화하여 나란히 대조시킴으로써 시적 의미를 보이는 경우도 있다.

> 4) 유자야탱주는 　　 의가좋아
> 　 한꼭지에 　　 둘이여네
> 　 처자종각은 　　 의가좋아

---

3) Lotman, The Structure of the Artistic Text.(Tr. Ann Arbor, 유재천 역, 예술텍스트의 구조, 고려원 1991, p. 135.)

> 한벼개에   잠이드네4)

　사물의 속성이 서로 다른 것을 의미적으로 동질화시키는 언어의 폭력화는 시의 의미강화에 유효하다. 4)의 작자는 이 두 이질세계를 자기 안목으로 동질화하였으니 세계의 자아화를 이룬 셈이다. 시는 세계를 자아화하는 정신세계다. 그런데 4)는 이질적 사물의 두 본질이 행위의 동질화를 통해서 서로 유사병렬로 나타나 있다. 이것은 또 자연과 인간(인격, 인생, 인간의 풍모, 인간의 존재)을 동일시한 정감성의 상상적 진실5)이라 할 수 있으며 이점이 바로 우리 시의 특징적 측면이라고 할 수 있다.

> 5) 저달은   하나라도
>   팔도를   보건마는
>   요내눈은   둘이라도
>   님하나밖에 못보네6)

　5)는 의미를 추려보면 다음과 같다.

> ① 달은 눈을 하나 가져도 팔도를 본다. (능력의 긍정)
> ② 요 내몸은 눈을 둘 가져도 님하나밖에 못본다. (능력의 부정)

　겉으로의 의미는 요내몸은 달보다도 더 잘 팔도를 볼 수 있어야 하는 데도 임 하나밖에 못보는 자기무능을 탓하고 있지만, 속으로의 의미는 이같은 자기무능을 임으로부터 확인받으려는, 임에게서 애정을 확인받으려는 것이기 때

---

4) 임동권 편, 韓國民謠集(東國文化社, 1961), p. 14.

5) 李澤厚, 華夏美學(權瑚 역, 東門選, 1990), p. 125.

6) 4)의 책, p. 16.

문에 역설적 표현에 해당한다. 역설적 표현은 겉으로는 명백한 모순이지만 속으로는 진실된 진술을 내용으로 하고 있어서 독자의 주의력을 환기시키는 효과가 있어 詩文에 자주 등장한다.

5)는 앞과 뒤가 서로 상반대립된다. 곧 상반병렬구조라 하겠다. 이처럼 우리시가에는 유사병렬 또는 상반병렬로서 앞 뒤 문장을 대조시키는 작품들이 많다. 다양한 유형의 반복들이 복잡한 의미론적 조직을 나타내어 특수한 사고의 집중을 유발시키는 것은 시에서 쉽게 찾아 볼 수 있는 수법에 해당된다.[7]

여기서 고장시조의 의미리듬에 대해 살필 필요가 있다. 앞에 예로 보인 1)을 의미상으로 분석하면 다음과 같다.

현실세계 - 부정세계(초·중장)	비현실세계 - 긍정세계(종장)
고목 - 새 아니옴 십일홍 - 봉접 아니옴 옅은 물 - 고기 아니옴 늙은 인생 - 정관 아니옴	늙지 않는 세계 (살만한 세상의 회구)

초·중장에서는 현실세계를 부정하고 종장에서는 비현실세계 즉 늙지 않는 세계를 긍정(동경)함으로써, 초·중장과 종장은 서로 상반병렬구조가 되어 있다.

2)에서는 "달바즈는 씽씽 울고 잔듸잔듸 속닙난다"에서 달바즈의 울음과 잔듸의 속닙남은 상반관계다. 즉 달바자는 울지만 잔듸는 속잎이 난다이므로 서로 상반되는 행위를 보여 준 셈이다. "바다의도 섬이 잇고 콩팟헤도 눈이 잇지"에서는 바다·섬/콩팟·눈이라는 유사관계다.

1), 2)에서는 우리시가의 특징인 유사병렬 또는 상반병렬이 있음을 보았다. 현대장시조라고 하는 다음의 작품을 읽어보기로 한다.

---

7) 3)의 책, p. 276.

6) 그대 밀물드는 가슴 께로 여전히 닻을 내리는 산그리메 그리메 몇 소
절씩 솟아 오르며 소리굽쇠를 울리는 바다 가까운 우리들의 유배지.
살아온 날 만큼 살아가기 위해 이토록 해일(海溢)하는 그리움 혹은
외로움 아니면 그 무엇이 우리의 얼굴을 가리게 하나. 바람은 바람끼
리 여관이 많은 골목을 지나고, 백지의 연대를 색칠하는 우리들의 코
러스. 온통 드러내 놓은 세상 같은 부끄럼에 그리 먼 발치에도 별을
보고. 알 수록 몰라지는 그대가 내게 와서 갈 곳을 말하지 않는 것.
미리내 곱게 흐르는 밤이 깊을수록 처용아내 강간당한 슬픔에 뒷산
무당 새 울고… 그런 그런 것들에도 익숙해진 우리는 또 무엇을 위하
여 눈물 흘려야 하느냐. 파도야 출렁거리는 파도야 남 남녘 리아스식
해안에 멧부리 고운 산그리메 하얗게 부서지는 소릴 듣느냐. 그 슬픔
을 아느냐. 사랑의 흉터 다스릴 그 비법을 아느냐.

6)은 비유의 상징성 이미지의 선명성 그리고 의미의 다원화같은 면에서
보면 현대시가 지향하는 바를 잘 담고 있다 하겠다. 그러나 이것이 현대시이
면서 현대장시조라고 할 때에는 현대시로서도 성공적이어야 하지만 고장시
조가 보여줬던 장시조의 속성을 아울러 가져야만 현대장시조라고 할 수 있게
된다.

앞서 고장시조를 비롯한 우리시가 중에는 유사병렬 또는 상반병렬이라는
의미리듬이 있어서 이것을 통합으로써 의미의 충돌이 빚는 미적 쾌감을 독자
가 쉽게 느낄 수 있었다.

물론 고시가에서 본 유사병렬 또는 상반병렬은 고시가를 독자가 읽어나
들어서 쉽게 가슴에 감흥이 와닿도록 하기 위한 장치의 일부이기도 하다.

현대시에서처럼 고도한 비유의 상징성 때문에 의미상의 리듬이 겉으로 쉽
게 드러나지 않을뿐더러, 의미 자체가 복합성을 띠게 되는 경우는 시를 단조
롭게 하지 않는 의미에서 장점이라 할 수 있다. 반대로 앞서 고시가에서처럼
의미상의 리듬이 쉽게 겉으로 드러나서 시를 이해하는 데 어려움이 없을뿐더

러 시적 감흥이 순간적으로 느껴지도록 하는 경우는 그것대로 장점이라 할 수 있다. 문제는 6)에서처럼 현대장시조가 현대자유시에서 볼 수 있는 시적 기교에 너무 접근하다보면 고장시조가 가졌던 장시조대로의 고유성에서는 멀어지고 만다는 것이다.

현대장시조는 고장시조가 보여 준 의미의 리듬을 살려서 장시조로서의 변별성을 확보해야 한다고 본다.

고장시조는 사물에 대한 묘사의 사실성을 강하게 나타낸 시가였다. 곧 사물성을 숨기려(은유화)하기 보다는 드러내려(직유화)하였다. 이 묘사의 사실성이 도덕성, 규범성까지 초월하기도 하였으며 현실을 너무 가깝게 묘사하다보니 언어의 함축성까지 포기해야 하는 경우도 있었다. 그러나 시는 언어의 함축에서 오는 시적 긴장미만이 장점일 수는 없으며, 경우에 따라서는 언어의 이완이 주는 완만미가 장점일 수도 있다. 시에 사실성을 강조하려다 보면 언어의 함축보다는 언어의 이완이 일어나게 된다. 고장시조는 사실성을 강조하려는 시가였다. 다르게 말하면 추상화된 사물세계가 아닌 구상화된 사물세계를 보임으로써 사물과 사물의 모방인 시, 이 두 사이를 근거리에서 맞닿도록 하였다.

장시조의 이러한 특징은 우리시가로서의 한 특징을 보이는 길이었고, 또 우리시가가 독자적으로 발전할 수 있는 한 가능성을 보여주었다고 본다.

물론 3), 6)은 고장시조의 형태적 특징을 닮으려 하였다.

고장시조에서는 중장이 대체로 장문화되어 있는데, 3, 6의 중장이 장문으로 되어 있다든가, 또 3장구성을 따랐다든가 하는 점은 장시조의 형태적 특징을 닮고 있음을 의미한다. 그러나 3), 6)은 고장시조가 보여 준 의미의 리듬을 포함하지 않고 현대자유시의 기교를 포함함으로써 장시조 대로의 건강성을 탈색해버리고 말았다.

Ⅲ. 長文化의 원리

장시조는 단시조에 비해 長文으로 되어있다. 여기서의 長文은 여러 개 문장이 어우러져 하나의 의미의 묶음이 이루어진다는 문장 호흡의 문제와 그로 인하여 Text의 길이가 길다는 Text상의 문제를 동시에 의미한다.

장시조의 장문은 두 가지 형식원리에 의한다. 하나는 문장구성상의 방법이고, 다른 하나는 다른 시가와의 제휴에 의한 방법이다.

먼저 경우를 살펴보면 여기에는 다음의 4가지가 활용되고 있음을 알 수 있다. 그리고 어느 한 방법을 활용하여 한 작품을 이루는 경우는 드물고 이 4가지가 서로 섞여서 장문을 이루는 것이 보통이라 할 수 있다.

        ㄱ. 어미활용법
        ㄴ. 항목열거법
        ㄷ. 대화진행법
        ㄹ. 연쇄대응법

ㄱ은 계속적으로 연결어미를 활용하여 장문을 이루는 방법이다.

> 7) 오다가다 오동나무요 십리절반에 오리목나무 님의 손목은 쥐염나무 하늘중턴에 구름나무 열아홉에 스무나무 서른 아홉에 스세나무 아혼아 홉에 빅자나무 물에 둥둥 쑥나무 월출 동턴에 썰쌩나무 돌 가온더 계슈나 무 옥독긔로 찍어 내여 금독긔로 겻다듬어 삼각산뎨일봉에 수간 초옥을 지어 놋코 흔간에온 선녀 두고 쏘 흔간에는 옥녀 두고 선녀 옥녀를 잠드리고 금녀방에를 드러가니 쟝긔판 바둑판 쌍륙판 다노엿고나 쌍륙 바둑은 져례흐고 쟝긔흔체 버릴적에 한나라 한즈로 한픠공 삼고 촛나라 초즈로 초픠왕 삼고 수레나 챠츠로 관운쟝 삼고 콧기리 샹즈로 마됴를 삼고 선비스즈로 모스들 숩고 쑥리포즈로 녀포를 숩고 좌우병졸노 다리 놋코 이포져 포가 넘나들적에 십만대병이 츈셜이로구나 (樂高 896)

'옥독긔로 씩어내어' 이하의 문은 연결어미로 이어지는 상태다. 연결어미를 활용하여 장문화하다 보니 작중화자가 여러 동작을 보이게 되었다.

ㄴ은 대등한 어휘의 나열 또는 대등구의 나열을 활용하여 장문을 이루는 방법이다.

> 8) ··牀이 사쟈 흔이 물 계위 못견딜쇠 皮ㅅ겨 깃튼 갈랑니, 보리알 깃튼 슈통니, 줄인니, 깃진니, 존벼룩, 굴근벼룩, 강벼룩, 倭벼룩, 긔는 놈, 쮜는 놈에 琵琶깃튼 빈대삭기, 使令깃튼 등에아비, 갈짜귀, 샴의약이, 쎈박희, 놀은박희, 바금이, 거절이, 불이, 쏒쪽흔 못의, 다리 기다흔 목의, 야윈 목의, 술진 목의, 글임애, 쏒록이, 晝夜로 뷘 씨 업시 물건이 쏘건이 썰건이 뜻건이 牀흔 床빌리예서 얼어왜라
> 그 中에 참아 못견될손 六月 伏더위예 쉬프린가 흐노라

> (海周 394)

8)의 중장은 <물썻>들이라는 대등한 어휘들의 나열로 되어 있다. 고장시조에서의 장문화는 주로 중장에서 일어나는데 8)도 예외가 아니다.

> 9) 칠팔월 청명일에 얽고 검고 씽기기는 바둑판 장긔판 곤우판 갓고 멍셕덕 셕 방셕갓고 鐵燈 고셕미 씨암장이 뿔등갓고 우박 마진 지덤이 쇠쏭갓고 중화전 털망 갓고 진ㅅ전 상기동 신젼 마루 연쥭전 좌판 갓고 한량이 포디 관역남게 안진뱅이 잔등이 갓고 상하 미전명셕 호망쥰오관이 싹갓 고 던보던간년긔등 불종갓고 경상도 문경시지로 너머 오는 진상 쑬항아 리 쵸병 갓치 아쥬 무젹 얼고 검고 풀은 즁놈아 네 무슴얼골이 어엿부고 쏙쏙흐고 밉ㅈ흐고 얌젼흔 얼골라고 기녀가로 너리지나라 썬다썬다 고기가 너를 그물 베리만 녀겨 뷰만은 곤징이 쩨만은 송사리 눈큰 쥰치 키큰 장디 머리 큰 도미 살쩐 방어 누룬 죠긔 넙젹 병어 등곱은 시오 그물 벼리만 여겨 아됴 펄펄 쮜여 넘쳐 다라 나느고나 그즁 음융하고 니슝흐고 슝물흐고 슝칙스러운 농어는 가라안ㅈ서 슬슬

> (樂高 674)

9)는 '얽고 검고 씽기는' 모습들의 나열이 초·중장을 이루고 있다. 대등구의 나열이라고 봄직하다.

ㄷ은 대화를 통한 장문화이므로 여기에는 대화자가 나타나는데 대화자는 두 사람이며 두 사람 사이의 대화가 두세 번으로 끝나는 경우도 있지만 더 계속되는 경우도 있다.

> 10) 宅드레 동난지들 소오 뎌 匠事야 네 황우 긔 무어시라 웨ᄂ니 소ᄌ
> 外骨內肉에 兩目을 向天하고 人아리 二足으로 能捉能放ᄒ며 小아
> 리 八足으로 前行後行 ᄒ다가 靑醬黑醬 아스삭 ᄒ난 동난지들 사
> 오. 匠事애 하거북이 웨지 말고 궤젓 사쇼 ᄒ야라   (靑六 714)

10)은 소위 '宅드레 노래'의 하나인데 아낙네와 장사치가 게젓을 매개로 한 육정적인 농을 하고 있다.

단시조에서도 몇 편 대화체의 작품이 보이나 단시조의 형식적 제약 때문에 대화문이 압축되고 대화도 짧게 끝난다. 고장시조의 특징 중의 하나는 대화체의 도입이라 할 수 있는데, 이것은 전하고자 하는 내용을 극화함으로써 극적 전달을 노린다.

ㄹ은 다음의 세 가지 방법으로 진행된다.

> ① 앞말의 끝을 뒷머리에 얹어놓는 형식, 즉 말꼬리따기식으로 진행되는
>   방법
> ② 봄을 서술하고 그 뒤 여름을 서술하고 계속 가을, 겨울을 서술하듯이
>   순차에 의한 서술진행 방법
> ③ 사건의 진행에 따라 인과적으로 서술진행하는 방법

①의 예는 다음과 같다.

11) 오늘도 저무러지게 졈을면은 시리ㅣ로다 시면 이님 가리로다 가면
　　못 보려니 못 보면 그리려니 그리면 應當 病들려니 病곳 들면 못 살니로다
　　病드러 못살 줄 알면 자고나 간들 어더리　編數大葉　　　　（瓶歌 1070）

11)은 앞 문의 서술어가 뒷 문의 조건이 되는 형태로써 말꼬리따기식으로
연결되었다. ②의 예는 다음과 같다.

12) 乾天宮 버들 빗츤 春三月에 고아거늘 慶武臺草岸은 夏四月에 풀우
　　엿다 香遠亭萬朶芙蓉 秋七月香氣여늘 碧花室古査梅는 冬十月雪
　　裡春光 아마도 四時節후을 못닉 미더 ᄒ노라
　　言弄 安玟英　乾天宮四時景　　　　　　　　　　　　　（金玉 144）

12)는 陶淵明의 四時란 작품에서처럼 사계절에 따라 달라지는 풍물을 읊
었다. 단시조의 高山九曲歌나 陶山十二曲처럼 일곡 이곡 순으로 나아간 장
시조가 있음직한데 고장시조에서는 그런 것은 보이지 않는다.
　③의 예는 다음과 같다.

13) 각시님 물러 눕소 낸 품의 안기리 이 아히놈 괘심ᄒ니 네 날을 안을
　　소냐 각시님 그 말 마소 됴고만 닷져고리 크나큰 고양감긔 도라가며
　　제 혼자 다 안거든 내 자니 못 안을가 이 아히놈 괘심ᄒ니 네 날을
　　휘울소냐 각시님 그 말 마소 됴고만 도사공이 크나큰 대등션을 제
　　혼자 다 휘우거든 내 자니 못휘울가 이 아히놈 괘심ᄒ니 네 날을 붓
　　홀소냐 각시님 그 말 마쇼 됴고만 벼록블이 니러곳 나게되면 청계라
　　관악산을 제 혼자 다 붓거든 내 자니 못 붓홀가 이 아히놈 괘심ᄒ니
　　네 날을 그늘을소냐 각시님 그 말 마쇼 됴고만 빅지댱이 관동달면을
　　제 혼자 다 그늘오거든 내 자니 못 그늘올가
　　진실노 네말 ᄀᆺ클작시면 빅년 동쥬하리라　　　　　（古今 291）

'이 아히놈 괘심호니'는 아희놈의 당돌함이 나타날 때마다 마음 속으로 하는 각시의 독백에 해당된다. 아희의 능력을 의심하는 각시가 의심을 풀고 백년동주를 결심할 때까지의 대화인데, 초·중장은 각시의 결심에 해당되고 종장의 원인에 해당된다.

이상에서 보았듯이 고장시조의 장문화 원리 중 문장구성상의 방법에는 크게 4가지 방법이 있었다. 그리고 어느 한 방법에 의한 장문화보다는 네 가지 방법이 서로 섞여져서 장문화가 일어나고 있음도 알 수 있었다.

이러한 네 가지 방법이 고장시조에 등장하게 된 것은 고단시조의 형식, 내용 양면의 경직성을 벗어나려는 데서 비롯되었다고 본다.

12)에 보이는 言弄이란 말은 가곡창의 곡조명인데, 가곡에 弄·樂·編이란 말이 붙은 곡조는 정악가곡에서 파생해 나온 변조가곡인 셈인데[8] 이 변조가곡으로 창되는 가사의 내용은 대개 사물을 戱化시키거나 진지성을 외면한 내용들이 많다. 이러한 곡조에 따른 창사의 등장은 단시조의 논리위주, 주자적 세계관에 치우치는 점을 거부하려는 데서 발생근거를 가지고 있으면서 또 한편 장시조의 존립근거를 확보할 수 있었다.[9] 물론 작가들이 이러한 발생근거와 존립근거를 확보하기 위해 작품을 쓴다 할 때에는 일차적으로 詩文의 長文化를 통해야만 가능했던 것이다.

현대장시조는 어떤가.

고장시조는 고단시조에 대한 반발에서 비롯되었고 그것으로 인하여 독특성이 드러났었다. 그러나 현대장시조는 일차적으로 고장시조에서와 같이 장시조라는 측면에서는 동질성을 가지고 있으면서도 현대화된 사고의 형식화

---

8) 이러한 곡조는 주로 가곡창의 3장(시조창인 경우는 중장)이 장문으로 나타나고 3장은 긴 창사가 오도록 되어 있으므로 고장시조 작품에서 주로 중장이 長文으로 나타난 원인이 여기에 있다.

9) 임종찬, 시조를 갈래짓는 두 사고의 틀(陶南學報 12집)을 참고바람.

라는 이질성을 동시에 가져야만 한다. 이차적으로 현대자유시와의 변별성이
뚜렷해야 한다.

이렇게 생각하다 보면 현대장시조의 창작은 상당히 어려운 문제로 생각되
겠지만 그러나 달리 생각하면 이외로 쉬운 방법이 있을 수 있다.

첫째, 고장시조가 보여줬던 장문화의 원리를 따르는 길이다.
둘째, 고장시조가 보여줬던 시어의 이완이 주는 완만미를 살리는 길이다.

이렇게 함으로써 현대단시조나 현대자유시가 보여주는 언어의 함축성, 다의
성에서도 벗어나면서 또 한편으로는 장시조다운 면을 승계하게 되리라 본다.

> 14) 바닷가 바위 언덕 바람기로 갈라내어 큰 놈 작은 놈 짠 물에 마구
> 절여 온바다 흰 거품 맑은 물만 걷어다가, 무 썻듯 보리쌀 닭듯 썻고
> 닦고 닦고 썻고 다시 불귀 미운 데 고운 데 가리지 않고 좌르르 헹궈
> 내고 문지르고 갈아내고 긁어내고 깎아내고 여린 놈 다 뭉개고 굳은
> 놈만 남겨놓고 이마끼리 무릎끼리 가름끼리 어깨끼리 옆구리끼리 허
> 벅지끼리 밤이나 낮이나 여름 겨울 할 것 없이 하루에 일만 칠천
> 삼백 번씩 골백억 년 예쁜 살결 말없는 돌이기망정 귀 하나 입 하나
> 달렸던들 뜬소문께나 날 뻔

14)는 어미활용법, 항목열거법을 동원한 장문이라는 점에서, 그리고 3장구
분을 분명히 하면서 종장 끝을 생략하여 고시조풍을 보인 점에서, 작가는
현대단시조와 현대자유시와 구별되는 현대장시조를 창작하고자 노력한 흔적
을 볼 수 있다.

14)를 더 자세히 살펴 볼 필요가 있기 때문에 고장시조 작품 하나를 예로
든다.

15) 둑거비 뎌 둑거비 흔 눈 멀고 다리 져는 저 둑거비

흔 나릭 업슨 파리를 물고 날닌체ᄒᆞ야 두험 쓰흔 우흘 속ᄭᅵ다가 발짝

나뒤쳐 지거고나

모쳐로 몸이 날닐세만경 衆人儉視에 남 우릴번 ᄒᆞ거다

(靑六 741)

14)의 종장은 15)의 종장과 통사적으로 아주 닮았다. 그런데 정말 닮았으면
하는 것은 15)에서처럼의 풍자(Satire)의 수법으로 작품화했으면 좋았다는 점
이다.

15)의 이면의 내용은 날개마저 성하지 못한 파리의 입장을 변호하거나 병
신두꺼비의 못난 행위를 야유하고 있다 하겠다. 즉 수탈과 착취의 대상에
대한 풍자를 통한 공격이 나타나 있다. 이처럼 시는 현실을 직설화하지 않아
야 한다. 그런데 14)는 바닷물에 돌이 마멸되는 묘사만 했지, 묘사를 통해
울리는 의미의 울림을 노리지 않았다. 시가 빈정거림(Irony), 풍자(Satire), 역
설(Paradox), 의미의 다원화(Ambiguity) 등을 가져야 한다는 것은 독자에게
의미의 울림을 주어야 한다는 말이다. 그렇게 해야만 독자가 시적 감흥에
접하게 되고 시를 폭넓게 감상하게 된다.

다음으로 장문화를 이루는 방법으로서 다른 시가와의 제휴[10]를 통하는
방법에 대해 알아보기로 한다.

고장시조는 타장르의 가사를 수용하여 長文化를 이룬 경우가 많은데 여기
에서는 다음의 다섯 가지 방법이 동원되었다.

---

10) 타시가의 가사를 차용했다 하지 않고 타시가와 제휴했다는 하는 이유는 이렇다. 가객들이
   시조창이든 가곡창이든 창을 할 때에는 타장르의 창법을 도입하여 음악상의 변호를 일으켰을
   뿐 아니라 타 장르의 가사까지 도입하여 문학상 변화까지도 일으켰다. 이런 현상은 각 장르의
   시가들에서 똑같이 일어났다고 보고 시가끼리의 서로 상호보완적으로 변화가 있어났다는 의
   미에서 필자는 제휴란 말을 쓴다.

1) 민요와의 제휴
2) 잡가와의 제휴
3) 가사와의 제휴
4) 판소리와의 제휴
5) 단시조와의 제휴[11]

1)의 경우는 민요의 속성이라 할 수 있는 구성원리 또는 어투의 도입을 의미한다. 민요의 구절을 그대로 장시조에 도입한 경우는 보이지 않는다.

2), 3), 4)의 경우가 장시조에 흔하게 나타나는데, 이렇게 된 이유는 장시조의 작가들이 주로 가객들이었다는 점에서 찾을 수 있다.

가객들은 일단 창의 전반에 대한 공부를 익혀야만 했다. 좌중의 분위기에 따라 시조 · 가곡 · 가사 · 판소리 · 잡가 등을 창하게 되었는데, 여기에서 민요가 배제되는 것은 민요가 대중화된 노래이기 때문에 음악에 식견을 가진 청자들에게 대중적 취미를 창할 수는 없었다는 데에 이유가 있는 것 같다.

가객들이 주로 상대한 층은 양반 사대부층이고 그들이 기호하였던 음악은 시조 · 가곡 · 가사 · 판소리 · 잡가였다.

이러한 형태의 창을 하다가보니 자연히 창은 창끼리 가사는 가사끼리 서로 넘나들어서 창은 여러 가지 형태로 변화되고 가사에 있어서도 변화가 오게 된 것이다.[12]

창의 곡조명칭으로 編이란 말이 붙어서 言編 編數大葉 編斥 編樂 등이 있고 編을 엮음이란 말로 바꾸어 휘모리엮음 엮음시조 등이 나타났다. 그런데 編이나 엮음이란 말이 들어간 곡조는 "평시조에 비해 리듬이 촘촘해지는 형태의 음악"[13]을 의미하는데 경우에 따라서는 編時調의 編, 주슴시조의

---

11) 이 방면에 대한 구체적인 예는 辛恩卿님의 논문에 미룬다.(1988, 서강대학교 대학원 문학박사 학위논문)
12) 앞의 7)과 같음.

주슴, 좁는 시조의 좁는 이란 말로 대치된다. 그러나 이 말을 해석을 달리하면 음악상 이런저런 음악을 엮어서 정통음악 곡조에서 벗어났다는 의미가 포함되어 있는 것 같고, 대개 이 같은 곡조가 붙어있는 창사는 長文으로 되어 있으니 문학상 다른 장르의 시가를 서로 엮었다는 의미까지 포함되어 있는 거 같다.

여하간 고장시조에서는 다른 시가의 창사를 포함함으로써 長文化를 쉽게 이룰 수 있었고, 고장시조의 내용을 풍부하게 할 수도 있었다. 더 나아가 우리시가가 독자적 발전을 할 수 있는 길을 열었지만, 뒷사람들이 서양시풍을 모범으로 삼는 것이 좋은 시를 짓는 바른 길인 양 생각하여 그 길을 막아버리고 말아 현재는 이러한 방법에 의한 詩作이 보이지 않는다.

현대장시조는 고장시조가 타 장르와 제휴되어 있다고 해서 꼭 그렇게 따라서 長文化를 이룰 필요는 없어졌지만, 그렇다고 고장시조의 이 같은 장문화 원리를 굳이 배제할 필요도 없다고 본다.

현대단시조 · 현대자유시 · 유행가 · 민요 · 동요 · 가사 · 향가 등등의 詩文의 일부를 포함함으로 인하여 예스러움을 나타내기도 또 대중적 취미를 나타내기도 해서 현대장시조는 여타의 다른 문학과는 구별되는 형태임을 보이는 것도 의미 있는 일이라 하겠다. 이렇게 되면 우리시는 우리식대로의 발전가능성이 이런 데서 찾을 수 있음을 재확인하는 경우가 될 수도 있을 것이다.

Ⅳ. 장시조의 존립 근거

고장시조는 소리리듬과 의미리듬이 분명히 겉으로 드러난 시가였다. 한 작품 전체든 부분이든 음보의 율격화가 이루어지는 시가이므로 율독상의 리듬을 느낄 수가 있었다. 그런데 현대장시조는 음보의 율격화와는 무관한 산문

---

13) 장사훈, 國樂大事典(세광출판사, 1984), p. 360.

을 詩文으로 한 경우가 많다. 이것은 율독을 통한 소리리듬을 등한시하고 있음을 의미한다.

의미상의 리듬에서 보면 고장시조는 앞 뒤 문장이 유사병렬구조나 상반병렬구조로 되어 있어서 사고의 집중 또는 의미의 충돌을 통한 의미리듬을 느끼도록 되어 있다. 그러나 현대장시조에 있어서는 시문의 현대화는 곧 현대자유시의 시적 기교를 따르는 것으로 생각하여 의미리듬을 은유화하거나 상징화하였다. 이것은 의미리듬이 겉으로 드러나는 시가이면서 사실성이 노출되는 시가인 장시조의 특색을 잘 나타내지 못함을 의미한다.

고장시조의 장문화는 ① 문장구성상의 방법 ② 다른 시가와의 제휴를 통한 방법에 의해 이루어졌었다. ①에서는 어미활용법, 항복열거법, 대화진행법, 연쇄대응법 등의 4가지 방법이 활용되었고 ②에는 민요·잡가·가사·판소리·단시조와의 제휴를 통한 방법이 활용되었다.

①은 시문을 이루는 문장기교의 다양을 의미한다. ②는 타시가의 분위기를 장시조화한 경우이므로 장시조가 다양한 분위기를 갖도록 한다.

현대장시조에 있어서는 ①, ②를 활용하지 못하고 있다. 이렇게 볼 때, 현대장시조는 장시조 나름의 성격이 드러나지 않게 되었음을 알 수 있다. 고장시조는 우리시가가 독자적 발전을 할 수 있는 길을 열었는데 뒷사람들이 그 길을 막아버렸다. 그 길을 막는 것이 시의 길인 양(서양 시풍을 모범으로 하는 것이 좋은 시를 짓는 길인 양) 생각하다 보니 장시조와는 거리가 먼 작품을 장시조라고 부르는 우스운 일이 벌어지고 말았다.

다르게 말하면 현대장시조가 고장시조와의 변별만 강조하다 보니 현대자유시와의 변별을 놓친 경우가 되었다고 할 수 있다.

고장시조가 가졌던 우리시가의 건강성을 되도록이면 살리면서 시어의 현대화를 밀도 있게 추구하여야만 현대장시조로서의 존립근거가 있는 것이다. 고장시조의 구조를 외면하고 피상적인 형식만 흉내낸다고 해서 장시조 아닌

작품이 장시조 작품이 되지는 않는다. 이러한 점에서 현대장시조는 여태 보여
준 작품세계를 반성하면서 현대장시조의 존립근거를 확보해 나가야 한다고
본다.

현대시조탐색

지은이| 임종찬

인쇄일| 초판2쇄 2009. 03. 04.
발행일| 초판2쇄 2009. 03. 07.
펴낸이| 정구형
편집| 박지연
디자인| 김숙희 강정수 이원석
마케팅| 정찬용
관리| 한미애 이은미
펴낸곳| 국학자료원
　　　 등록일 2005｜ 03｜ 15｜ 제17－423호
　　　 서울시 강동구 성내동 447－11 현영빌딩 2층
　　　 Tel 442－4623 Fax 442－4625
　　　 www.kookhak.co.kr
　　　 kookhak2001@hanmail.net

ISBN| 978-89-6137-435-4 *93800
가격| 12,000원